커피는 어렵지 않아
LE CAFÉ, C'EST PAS SORCIER

SÉBASTIEN RACINEUX
세바스티앵 라시뇌
CHUNG-LENG TRAN
충 렝 트란

커피는 어렵지 않아
LE CAFÉ, C'EST PAS SORCIER

정한진 옮김
야니스 바루치코스(Yannis Varoutsikos) 그림

GREENCOOK

CONTENTS

CHAPTER 1 커피이야기

- 008 나의 커피 스타일
- 010 커피를 마시는 방법
- 012 세계 각국의 커피
- 014 커피 마시는 장소
- 016 커피의 식물학적 분류
- 017 커피 무역
- 018 커피와 관련된 직업
- 020 커피와 관련된 용어
- 022 커피는 몸에 나쁜가

CHAPTER 2 커피추출

- 026 커피원두 갈기
- 028 그라인더
- 030 그라인더 날
- 031 그라인더 관리
- 032 물
- 033 기초 화학
- 034 물을 선택하는 방법
- 036 커피에 맞는 커피잔
- 037 에스프레소잔
- 039 에스프레소
- 040 에스프레소의 역사
- 042 에스프레소 시음
- 046 커핑(커피 테이스팅)
- 047 커핑노트
- 048 에스프레소머신
- 050 에스프레소머신 선택
- 052 에스프레소머신 관리
- 053 에스프레소머신 작동원리
- 054 온도를 안정적으로 유지하는 방법
- 056 바리스타 작업
- 058 에스프레소 농도
- 059 에스프레소 종류
- 060 수치로 살펴본 에스프레소
- 064 에스프레소 분포도
- 066 에스프레소가 맛없는 이유
- 068 우유와 커피의 라테아트
- 070 하트
- 071 튤립
- 072 나뭇잎
- 073 카푸치노와 응용
- 077 필터커피
- 078 필터커피에 필요한 도구
- 080 필터커피 시음
- 083 커핑노트
- 084 커피 필터
- 086 프렌치프레스(FRENCH PRESS)
- 088 에어로프레스(AEROPRESS®)
- 090 클레버(CLEVER®) 드리퍼
- 092 사이펀(SIPHON)
- 094 하리오(HARIO®) V60
- 096 케멕스(CHEMEX®)
- 098 칼리타(KALTA®) 웨이브
- 100 모카포트(MOKA POT)
- 102 커피메이커(COFFEE MAKER)
- 104 수치로 살펴본 필터커피
- 107 아이스커피
- 108 찬물로 추출하는 콜드브루(COLD BREW)
- 109 일본식 아이스커피

CHAPTER 3 로스팅

- 112 로스팅
- 114 커피생두와 로스팅
- 116 로스팅 스타일
- 118 블렌딩 또는 싱글오리진
- 119 오리지널 블렌딩 커피
- 120 포장지 라벨 읽는 법
- 121 스페셜티커피 구입
- 122 가정에서의 원두 보관방법
- 124 커핑(커피 테이스팅)
- 126 커피 테이스터스 플레이버 휠 (COFFEE TASTER'S FLAVOR WHEEL)
- 128 디카페인 커피

CHAPTER 4 커피재배

- 132 커피 재배
- 134 커피나무의 라이프사이클
- 136 커피 재배에 필요한 기본 정보
- 138 커피 품종
- 140 커피생두의 제철과 신선도
- 142 전통적인 커피 정제법
- 144 혼합 정제법
- 145 정제법 정리
- 146 커피생두의 세척, 선별, 포장
- 148 커피 생산국
- 150 에티오피아
- 151 케냐
- 152 르완다
- 153 부룬디
- 154 레위니옹
- 156 브라질
- 157 콜롬비아
- 158 에콰도르
- 159 볼리비아
- 160 페루
- 162 코스타리카
- 163 파나마
- 164 과테말라
- 165 온두라스
- 166 엘살바도르
- 167 니카라과
- 170 멕시코
- 171 자메이카
- 172 하와이
- 174 인도네시아
- 176 인도

CHAPTER 5 부록

- 180 추천할만한 커피숍 & 커피 관련 이벤트
- 182 커피숍 디저트
- 184 INDEX

CHAPTER 1

커피 이야기

LES MISCELLANÉES DU CAFÉ

나의 커피 스타일

누구나 사춘기가 끝날 무렵 처음 커피를 맛보고 얼굴을 찌푸렸던 경험이 있었을 것이다.
그러나 이제 틀림없이 커피마니아가 되어 있고, 커피가 일상의 한 부분이 되었을 것이다.
그렇다면 당신과 커피의 관계는?

커피에 적신 각설탕을 보면 떠오르는 것은?

☐ 어릴 적 커피가 스며들면서 서서히 색이 변하는 각설탕을 보고 감탄한 일
☐ 따스한 각설탕이 혀에서 녹을 때 주는 위안
☐ 어른들의 세계로 잠깐 빠져들었던 유년기
☐ 커피잔에 빠져 형체도 없이 사라져가는 모습
☐ 도널드 덕(프랑스어 canard는 일반적으로 오리를 가리키지만, 커피나 브랜디에 적신 각설탕을 의미하기도 한다.)

하루에 마시는 커피 양은?

0	일주일에 한 번 정도
1-2	항상 적당량
2-3	나의 최대치
3-4	가끔이 아니라 사실은 자주
>5	많다는걸 알고 줄이려 한다.

커피 첫 잔은 하루 중 언제 마시나?

☐ 일어나자마자 샤워하기 전
☐ 샤워 후
☐ 아침식사에 카페오레 한 잔
☐ 사무실에 도착해서
☐ 점심식사 후

커피가 떨어졌다면?

☐ 가장 가까운 커피숍을 찾아 카운터로 달려가 커피를 시킨다.
☐ 소중한 커피를 가득 채우기 위해 필요하다면 도시 어디든지 찾아간다.
☐ 커피 없이 버티지만 투덜거린다.
☐ 유감이지만 할 수 없지. 차를 마시면 된다.

스스로 생각할 때 나는?

☐ 커피중독자. 평소 마시던 만큼 몸에 들어오지 않으면 아무 일도 할 수 없다.

☐ 커피에 정통한 척하는 사람. 그랑크뤼의 맛을 알고 나면 다른 걸로는 만족할 수 없다.

☐ 크루아상, 신문과 함께 큰 잔으로 모닝 커피를 즐기는 낭만주의자. 테라스에서 즐기는 아침 햇살은 덤이다.

☐ 동료들과 함께 험담을, 아니 커피를 나누려는 커피머신 마니아.

☐ 테이크아웃 단골

☐ '커피 마시러 들러요'라는 말이 단골 멘트인 사람.

☐ 커피를 가끔 한 번씩 마시는 사람. 단지 커피와 함께 초콜릿을 먹을 수 있어 커피를 즐길 뿐.

☐ 저녁시간을 마무리하며 소심하게 디카페인 커피 한 잔을 즐기는 사람.

커피를 마시는 방법

그냥 커피 한 잔 마신다고 말하지만, 커피를 마시는 방법만 십여 가지다.
자신에게 맞는 커피를 찾아보자.

에스프레소(ESPRESSO)
커피맛을 즐기는 사람들에게는 빠르고 맛있는 한 모금의 커피.

더블에스프레소(DOUBLE ESPRESSO)
이제 샷 하나로는 충분하지 않음을 확실히 알게 된 일벌레를 위한 커피.

카페라테(CAFE LATTE)
무엇을 마실지 정하지 못한 사람에게 안성맞춤인 커피로 위험부담 없는 카드.

카페모카(CAFE MOCHA)
사실 커피를 그다지 좋아하지 않지만 자극이 필요한 사람들에게는 쿨하고 창조적인 해결책.

카푸치노(CAPPUCCINO)
미식가를 위한 부드러운 커피. 거품 콧수염에 주의해야지 그렇지 않으면 비싼 값을 치르게 된다.

마키아토(MACCHIATO)
거품 콧수염을 싫어하는 사람들을 위한 부드러운 커피.

아이스커피(ICE COFFEE)
음료를 빨대로 먹기 좋아하는 사람들에게 잘 어울리는 음료.

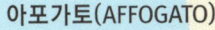

아포가토(AFFOGATO)
커피를 아이스크림만큼 좋아하지 않는 사람들에게 행복감을 주는 커피.

아메리카노(AMERICANO)
누가 아메리카노를 담뱃재 같은 맛이 난다고 했는가? 삶의 소박한 즐거움이 되는 커피다.

세계 각국의 커피

사람들은 취향에 따라 커피를 마신다. 하지만 지역에 따라서도 커피 마시는 스타일이 다르다. 세계 각국의 스타일을 살펴보자.

미국과 앵글로색슨 국가들 A

대체로 미국사람들은 커피에 우유를 넣은 '카페라테'를 들고 다니며 마신다. 패스트푸드점에서는 '리필 커피'를 볼 수 있는데, 한 잔 가격에 필터커피를 계속 채워준다. 보통 이런 커피는 질이 떨어지는 원두로 커피를 내려서 계속 데우기 때문에, 아메리칸 커피가 나쁜 평판을 얻게 되었다.

이탈리아 B

이탈리아는 에스프레소의 나라로 카운터에서 '진한' 커피를 빨리 마신다. 스푼티노(spuntino, 아침식사와 점심식사 사이에 갖는 오전의 휴식시간) 시간인 11시쯤에는 가볍게 쿠키나 빵(브리오슈 등)과 함께 에스프레소를 마신다. 가정에서는 모카포트로 내린 커피가 대부분으로 이탈리아에서는 필터커피를 마시지 않는다.

 북유럽 국가(노르웨이, 스웨덴 등)

세계에서 커피를 가장 많이 소비하는 국가들로, 주로 필터커피를 마신다. 19세기 노르웨이에서는 많은 가정에서 직접 증류주를 만들었고, 교회는 알코올 소비를 줄이기 위해 덜 위험한 음료인 커피를 권장하기로 결정하였다. 이처럼 집에서 증류주를 만드는 것이 금지되면서, 커피를 마시는 것이 하나의 풍습으로 확고하게 자리잡게 되었다.

 터키

터키커피(그리스에서는 '그리스커피'라고 한다)는 이미 16세기 오스만제국부터 만들어졌다. 밀가루처럼 곱게 간 원두를 끓여서 추출하며, 긴 손잡이가 달린 동이나 황동으로 만든 전통도구 체즈베(cezve)를 사용한다. 예전에는 이렇게 달인 커피를 찌꺼기가 들어가지 않게 이브릭(IBRIK)이라는 커피주전자에 옮겨 담아서 따라줬다. 오늘날은 체즈베와 이브릭이라는 용어가 뒤섞여 사용되며, 체즈베에서 직접 커피를 따라 마신다. 터키커피는 초크 셰케를리(çok şekerli, 아주 단맛), 아즈 셰케를리(az şekerli, 조금 단맛), 오르타(orta, 아주 조금 단맛) 또는 사데(sade, 전혀 달지 않은 맛)로 마실 수 있다. 커피를 다 마시고 나면 잔을 잔받침 위에 엎어놓는 관습이 있는데, 이는 잔속에 남아있는 커피찌꺼기로 미래를 보기 위해서였다. 터키커피는 일종의 생활의 지혜이며, 대화도 하고 놀이도 하고 물담배도 피면서 보내는 시간의 예술이기도 하다. 터키뿐만 아니라 발칸반도, 근동지역, 나아가 북아프리카에서도 터키커피를 마신다.

 일본

일본은 차의 나라(생산과 소비 측면에서)로 잘 알려져 있지만, 커피를 매우 좋아하는 나라이기도 하다. 18세기부터 진정한 커피문화를 발전시켜왔으며, 최고급 커피의 상당량을 사들인다. 일본에서는 하리오 V60 드리퍼나 사이펀 같은 부드러운 추출 방식을 특히 좋아한다.

F 에티오피아

전통적으로 여성이 커피를 만든다. 먼저 커피생두를 팬에 볶아 절구로 빻고, 제베나(jebena)라는 도기 커피주전자로 커피를 추출한다. 커피를 손잡이가 없는 작은 잔에 담아 팝콘과 함께 마신다. 이것이 바로 에티오피아 특유의 커피 의식이다.

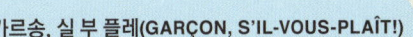
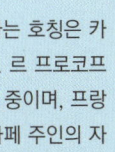

가르송, 실 부 플레(GARÇON, S'IL-VOUS-PLAÎT!)

프랑스에서 카페 종업원을 부르는 '가르송'이라는 호칭은 카페 '르 프로코프(Le Procope)'에서 시작되었다. 르 프로코프는 17세기 파리에 문을 연 카페로 지금도 성업 중이며, 프랑스 최초의 카페 중 하나로 알려져 있다. 당시 카페 주인의 자녀들이 손님에게 커피 나르는 일을 도왔고, 손님들이 이 아이들을 '프티 가르송(꼬마)'이라고 부르다가 '가르송(젊은이)'이라고 줄여 부르게 되었다. 바로 여기에서 '가르송'이라는 호칭이 생겨났다.

커피 마시는 장소

브라스리(brasserie)만 있던 프랑스에 영국의 문화와 취향을 보여주는
소규모 커피숍들이 차츰 생겨나고 있다.

커피숍

커피를 마시기에는 최상의 장소이다. 인터넷을 즐겨 사용하는 비교적 젊은 고객들이 이곳을 집과 직장 사이의 제 3의 장소로 활용한다. 이곳에서는 커피제조 전문가인 바리스타가 커피를 만들어주며, 영국식 케이크인 당근케이크나 조그만 피낭시에를 곁들여 커피를 마실 수 있고 테이크아웃도 가능하다. 그리고 집에서 쓸 커피원두를 구입할 수도 있다.

브라스리

브라스리는 신성불가침(?)의 '프티 누아르(petit noir, 에스프레소를 이렇게 부르기도 한다)'를 카운터에서 마실 수 있는 장소인데, 커피만 마실 수 있는 것은 아니다. 프랑스에서 비스트로와 카페는 흔히 마을 또는 거리의 중심 역할을 한다. 여기에서 와인이나 술, 소프트드링크뿐만 아니라 커피도 마실 수 있으며, 때로는 식사나 간식도 즐길 수 있다. 점심이나 저녁을 먹을 수도 있다. 카페 종업원이 '프티 누아르'를 카운터나 테이블, 실내나 테라스에 자리잡은 손님에게 가져다 주는데, 커피 가격은 어느 자리에서 마시는가에 따라 달라진다.

커피의 식물학적 분류

커피원두를 이해하기 위해서는 약간의 식물학적 지식이 필요하다.
로부스타(Robusta) 품종에 대해서도 알아보자.

커피나무

전 세계 커피 생산량의 99%를 차지하는 커피나무가 아라비카종과 카네포라종(또는 로부스타종) 2종이다. 2종 모두 코페아속(*Coffea*)이고, 코페아속에는 약 70여 종의 커피나무가 있다. 코페아속은 꼭두서니과에 속한다. 코페아속의 리베리카종(*Coffea liberica*)과 엑셀사종(*Coffea excelsa*)은 서부 아프리카와 아시아에서 재배되는데, 전 세계 커피 생산량의 2%도 안 되며 주로 그 지역에서 소비된다.

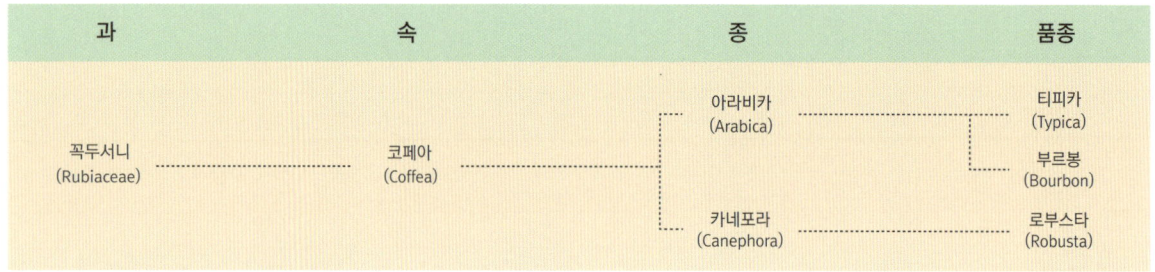

아라비카종과 로부스타종 비교

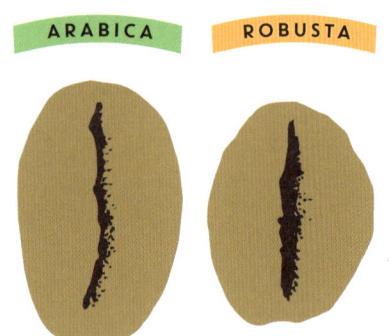

	아라비카	카네포라
염색체 수	44	22
해발	600~2,400m	0~700m
기온	15~24℃	24~30℃
수분*	자가수분	타가수분
개화기	비온 후	불규칙함
열매가 익는 기간	6~9개월	10~11개월
카페인 함량	0.6~1.4%	1.8~4%

*수분 수술 꽃가루가 같은 그루의 암술머리에 붙어 열매나 씨를 맺는 것을 '자가수분(제꽃가루받이)'이라 하고, 같은 종 다른 그루의 암술머리에 붙어 열매나 씨를 맺는 것을 '타가수분(딴꽃가루받이)'이라고 한다.

로부스타? 별로인데 …

로부스타는 카네포라종 가운데 가장 많이 생산되고 유통되는 품종이다. 이것은 향미가 부족하며, 유일한 장점은 산출량이 많아 값이 싸다는 점이다. 특히 카페인 함량이 높다. 로부스타는 인스턴트커피 제조에 많이 사용되고, 이탈리아나 포르투갈의 에스프레소용 블렌딩 커피에 들어가며, 자판기용 커피로도 많이 쓰인다.

돌연변이종과 교배종

다른 여러 종과 품종에 대한 상세한 내용은 p.138~139를 참조한다.

커피 무역

원료가 되는 커피생두는 세계시장에서 다양한 등급이 거래되고 있다.

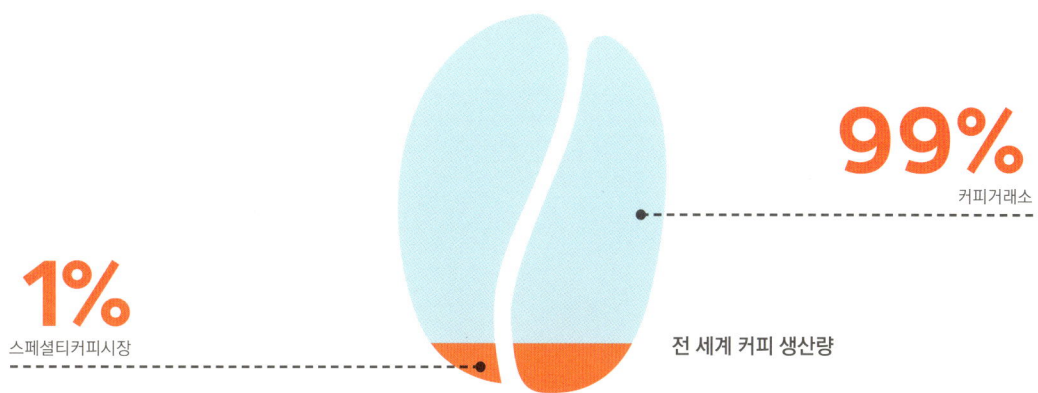

1% 스페셜티커피시장

99% 커피거래소

전 세계 커피 생산량

스페셜티커피시장

스페셜티커피는 전 세계 생산량의 약 1%를 차지한다. 최소한 100점 만점에 80점 이상의 평점을 받아야 하며, 가격은 커피거래소가 아니라 품질과 희소성으로 결정된다. 테루아(terroir, 커피의 특성을 결정짓는 요소를 모두 아우르는 말로 기후, 햇빛, 토양, 지질, 습도, 커피 재배에 쏟는 노력 등이 포함된다)에 따라 식물학적으로 다양한 품종을 재배하는 생산자, 커피생두를 자신만의 독특한 방식으로 볶는 로스터, 커피 추출방법을 개선하는 바리스타 등이 스페셜티커피시장과 같은 새로운 시장을 개척하고 있으며, 아직은 작은 규모이지만 커피 생산과 소비 방식에 새로운 바람을 일으키고 있다. 커피는 이제 각성효과 때문에 마시는 생필품이 아니라 와인처럼 고상하고 복잡한 기호품이 되고 있다. 이제 더 이상 커피를 마시는 것이 아니라 음미한다.

커피생두시장

원재료시장으로 뉴욕에는 아라비카 커피거래소가 있고, 런던에는 로부스타 커피거래소가 있다. 수요와 공급 그리고 시장의 여러 요인들, 예를 들어 중개인, 연기금 등의 투기적인 움직임에 따라 커피 가격의 변동폭이 크다. 커피 가격은 1파운드(약 453.59g) 가격을 달러로 표시하는데, 이 시장에서는 커피의 품질과 생산비용이 고려되지 않기 때문에 생산자에게는 더 이상 그들의 노동력을 보상받을 수 없는 불확실한 곳이다. 이로 인한 이탈을 막기 위해 커피 생산자의 적정 수입을 보장하는 공정무역이 제기되고 있다.

공정무역(Fairtrade)

공정무역인증

공정무역인증은 1988년 네덜란드의 막스 하벨라르(Max Havelaar)라는 단체가 소규모 커피생산자들에게 공정한 가격을 보장해주기 위한 목적으로 만들었다. 방법은 시장가격이 떨어지면 생산자가 생계를 유지할 수 있도록 최저가격을 보장하고, 시장가격이 최저가격보다 높으면 파운드당 0.05유로를 올린다.

공정무역 원칙

공정무역은 다음의 3가지 기본방침을 따른다.
- 지속적인 최저가격 (그러나 최소 생산량에 대한 규정은 없다)
- 친환경 방식(유전자 조작을 금지하고 유기농 권유)
- 사회적 측면(설비를 위한 공동출자)

공정무역인증마크의 한계

- 단일 농장이 아닌 조합이어야 인증을 받을 수 있다.
- 공정무역시스템은 소규모 생산자들을 위해 만든 것이다. 그러나 공정무역제품이 대형마트에 들어가려면 요구량을 맞추기 위해 대규모 농장들과 협력할 수밖에 없는 현실이다.
- 품질을 보증하는 인증마크가 아니다.

커피와 관련된 직업

우리가 커피를 마시기까지는 오랜 시간이 걸린다.
커피생두가 한 잔의 커피가 되기까지 여러 공정을 거치기 때문이다.

생산자

커피나무는 농부에 의해 재배된다. 커피 생산자는 땅과 접촉하는 사람으로, 수확기가 되면 열매를 따고 건조과정을 거쳐 생두를 얻는다.

커피생두 바이어

여러 나라의 커피 생산자들을 만나 커피생두의 거래 협상을 하고 생두를 로스터에게 넘긴다. 또한, 커피생두를 소비하는 나라까지 운반하는 책임을 진다.

로스터

커피생두의 향을 온전히 끌어내기 위해 가열하여 볶는 로스팅 과정이 필요하다. 로스터의 역할은 서로 다른 생두를 각각 알맞은 방식으로 볶는 것이다. 오늘날은 로스터의 역할이 확대되어 생산국을 직접 찾아가 생두를 선별하는 일이 빈번해지고 있다.

바리스타

바리스타는 커피를 완성하기 위한 연결고리 중 마지막 고리로 단순한 '카페 가르송'이 아니다. 커피 전문가이며, 능숙한 솜씨로 커피를 내리고 주문에 따라 커피원두로 다양한 음료를 만드는 사람이다. 또한 고객이 다양한 맛을 경험할 수 있도록 다양한 품종의 커피를 권하고, 커피 추출방법(에스프레소, 필터커피 등)에 알맞은 커피원두를 팔기도 한다.

커피와 관련된 용어

커피의 세계를 잘 이해하기 위해 알아야 할 용어들이 있다.

그랑크뤼(Grand Cru) 고품질의 풍미를 지닌 커피원두. 그랑크뤼를 제대로 알려면 원두가 지닌 잠재력이 모두 드러나야 한다.

분쇄도 커피원두를 갈았을 때의 굵기.

라테아트(Latte Art) 카푸치노 등의 표면에 우유거품으로 그림을 그리는 기술.

그라인딩(Grinding) 흔히 커피원두를 '가는 것'을 말한다.

바리스타(Barista) 커피 전문가이자 커피를 테이스팅하는 사람. 커피숍에서 만날 수 있다.

블렌딩(Blending) 지역이나 나라 등 원산지가 다른 커피를 섞는 것.

배치(Batch) 한 번에 로스팅하는 커피생두의 양.

로스팅(Roasting) 커피생두를 볶는 작업.
로스터(Roaster) 로스팅 전문가를 말하며, 볶는 로스팅 기계를 가리키기도 한다. 여기서는 커피 볶는 기계는 로스팅기로 부르기로 한다.

커피체리 커피나무의 열매를 말한다. 열매에는 1개 또는 2개의 씨앗(생두)이 들어 있다.

커피추출기구 아래는 아주 가벼운 맛부터 가장 강한 맛까지 커피를 만드는 도구들의 이름이다.

연하다

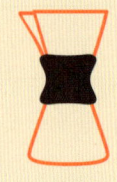

케멕스
(CHEMEX®)

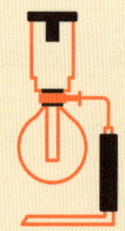

사이펀
(SIPHON)

하리오 V60
(HARIO® V60)

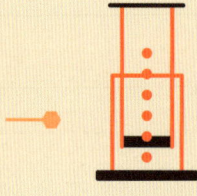

에어로프레스
(AEROPRESS®)

필터바스켓 커피가루를 담는 에스프레소머신의 필터.

샷(Shot) 한 번에 추출한 에스프레소의 양. 이를 단숨에 마신다.

드립 포트(Drip Pot) 물이 나오는 수구가 백조의 목처럼 생긴 독특한 모양의 주전자. 필터커피를 만들기 위해 꼭 필요한 도구이다.

필터커피, 슬로 추출법 에스프레소와 같이 높은 기압으로 추출하지 않는 커피를 가리키는 용어들이다.

탬퍼(Tamper) 필터에 들어 있는 커피가루를 눌러서 다지는 도구.

에스프레소 설정 에스프레소를 추출하는 과정에서 영향을 미치는 여러 변수들의 조절을 가리키는 표현.

깔끔함(Clean Cup) 커피를 마셨을 때 잡미가 없음을 말한다.

커핑(Cupping) 커피의 품질을 평가하기 위한 표준화된 시음방법.

크랙(Crack) 로스팅 과정에 생두가 터지면서 독특한 소리가 나는 것. 마치 팝콘을 만들 때 나는 소리 같다.

날 그라인더에서 커피원두를 가는 부분.

분쇄원두 커피원두를 갈아놓은 커피가루를 가리킨다.

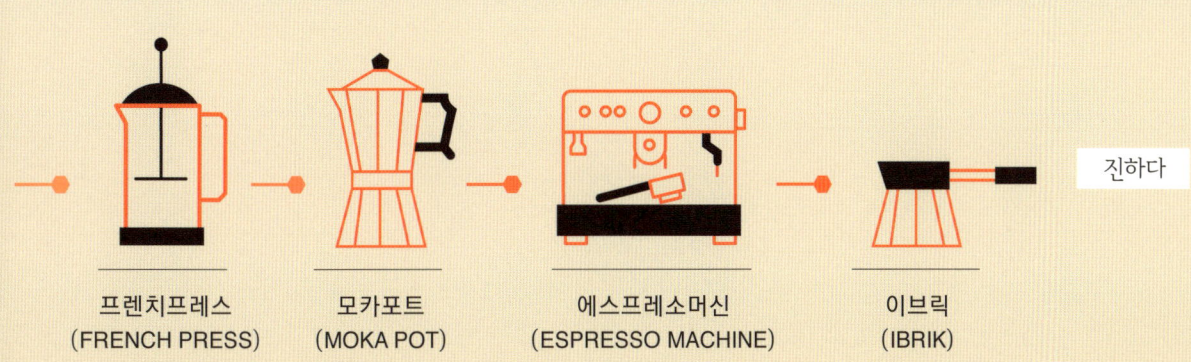

프렌치프레스 (FRENCH PRESS) → 모카포트 (MOKA POT) → 에스프레소머신 (ESPRESSO MACHINE) → 이브릭 (IBRIK) 진하다

커피는 몸에 나쁜가

커피에 관한 다양한 이야기들이 있는데 좋은 것만 있는 것은 아니다.
그렇다면 이런 이야기들은 도움이 되는 유용한 정보일까 불안감을 키우는 악선전일까?
여기 확실한 정보가 되는 내용들을 소개한다.

카페인(Caffeine) & 테인(Thein)
둘은 분자구조가 같다. 오랫동안 관습처럼 사용되어 아직도 테인이라는 말이 남아 있으며, 오늘날도 많은 사람들이 두 가지를 서로 다른 성분으로 생각한다.

커피는 소화를 돕는 위산 분비를 촉진한다.

커피는 이뇨제이며 변비약이다.

커피를 적당히 마셔라! 커피는 마약인가? 엄밀하게 말하자면 아니다. 그러나 커피를 많이(1일 카페인 400㎍ 이상) 마시는 사람에게서 흥분, 두통, 가벼운 피로 등과 같은 금단현상이 사라지려면 3~5일이 걸린다.

카페인
5분 정도 지나면 뇌에 도달하며, 반감기는 3~5시간 이후다. 이 시간이 지나면 카페인 효과가 절반으로 줄어든다.

커피는 몇 가지 병을 예방하는 것으로 보인다. 커피는 남성 환자의 파킨슨병 진행을 억제하며, 알츠하이머병에 있어서 불완전한 기억을 개선한다. 폴리페놀(항산화 작용)은 제 2형 당뇨병 치료에 도움이 된다. 60여 건의 연구에서 커피가 여러 유형의 암(방광암, 구강암, 결장암, 식도암, 자궁암, 뇌종양, 피부암, 간암, 유방암)을 예방하는 효과가 있다는 것을 보여준다.

커피를 마시면 흥분된다
카페인은 흥분시키고 각성효과가 있다. 그래서 주의력이 좋아지고, 심장박동이 빨라지며, 인지기능이 향상되고, 피로감이 줄어들며, 반응시간이 빨라진다.

커피가 치아 변색을 가져올 수 있다. 그러나 카페인과 폴리페놀(페놀 복합군)에는 치석이 생기는 것을 막는 항균효과도 있다.

커피를 지나치게 많이(1일 카페인 400μg 이상) 마시거나 잠자기 전에 마시면 수면장애, 불면증이 나타날 수 있다. 과도한 카페인 섭취는 경련과 심리적 불안을 가져온다.

카페인은 지방을 에너지로 하여 육체적 활동력, 특히 지구력을 향상시킨다. 그래서 카페인은 2004년까지 세계반도핑규약에서 금지약물목록에 올라 있었다.

필터커피 1잔에는 에스프레소 1잔보다 카페인이 많다.
에스프레소 1잔 47~75μg
필터커피 머그잔 1잔 75~200μg.

그 밖엔?

커피는 몸에 나쁜가

CHAPTER
2

커피추출
FAIRE UN CAFÉ

커피원두 갈기

필터커피나 에스프레소를 만들려면 모두 간 커피원두가 있어야 한다.
잘 알다시피 커피 그라인더는 볶은 원두를 가는 도구이다. 그러나 그라인더 종류에 따라 다양한 용도와
품질의 굵기가 다른 커피가루를 얻을 수 있다는 사실은 잘 모르는 것 같다.
완벽한 한 잔의 커피를 얻으려면 좋은 그라인더의 선택이 중요하다.

그라인더가 중요한 이유

로스터가 추출방법에 따라 분쇄도를 맞춰주기 때문에 자신만의 커피 그라인더가 필요하지 않다고 생각할 수 있다. 그러나 아마추어이든 커피에 대해 잘 아는 커피마니아이든 그라인더에 투자해야 하는 이유가 다음처럼 2가지 있다. 진정한 에스프레소마니아라면 결코 그라인더 없이 지낼 수 없다. 물론 필터커피를 마시는 사람이라면 그라인더가 없어도 그다지 불편하지 않을 수 있다. 그러나 그라인더가 있다면 특별한 커피 한 잔을 즐길 수 있을 것이다.

분쇄도 원두를 분쇄한 굵기의 정도.

1 항상 신선한 커피를 마실 수 있다

갈아놓은 원두는 보관이 어렵다. 원두를 갈면 2가지 작용이 일어나기 때문이다. 즉, 원두에 원래 있던 이산화탄소가 빠져나가고, 커피향을 내는 에센스 오일(커피오일)과 향 구성분들이 공기와 접촉하며 산화가 가속화된다. 따라서 포장을 개봉하면 통원두는 며칠 정도 보관할 수 있지만, 갈아놓은 원두는 보관기간이 몇 시간으로 줄어든다.

2 원두의 분쇄도를 조절할 수 있다

원두의 분쇄 굵기(분쇄도)는 원하는 커피 종류와 그 밖의 변수에 따라 조절해야 한다. 에스프레소 추출시간과 커피의 밸런스는 공기의 온도와 습도에 달려 있다. 따라서 바리스타는 하루에도 몇 번씩 원두의 분쇄도를 조절한다. 이것이 일정한 굵기로 간 원두를 사지 말라고 하는 이유이다.

추출방법에 따라 굵기를 조절한다

커피를 추출하는 방법이 여러 가지이고, 각각의 추출방법에 맞는 커피가루의 굵기도 각기 다르다. 따라서 항상 같은 굵기의 커피가루를 사용하지는 않는다. 커피가루의 굵기는 커피 향성분의 추출속도에 영향을 주는데, 커피가루 굵기가 작을수록 물이 흐르면서 용매와의 접촉면이 커지고 커피의 구성성분이 더 빨리 녹아나온다. 에스프레소는 추출시간이 30초 이하로 짧기 때문에 고운 커피가루가 필요하지만, 4분 정도 우리는 프렌치프레스는 쓴맛과 잔에 침전물이 남는 것을 막기 위해 굵은 커피가루가 적합하다.

추출방법에 따른 커피가루의 굵기

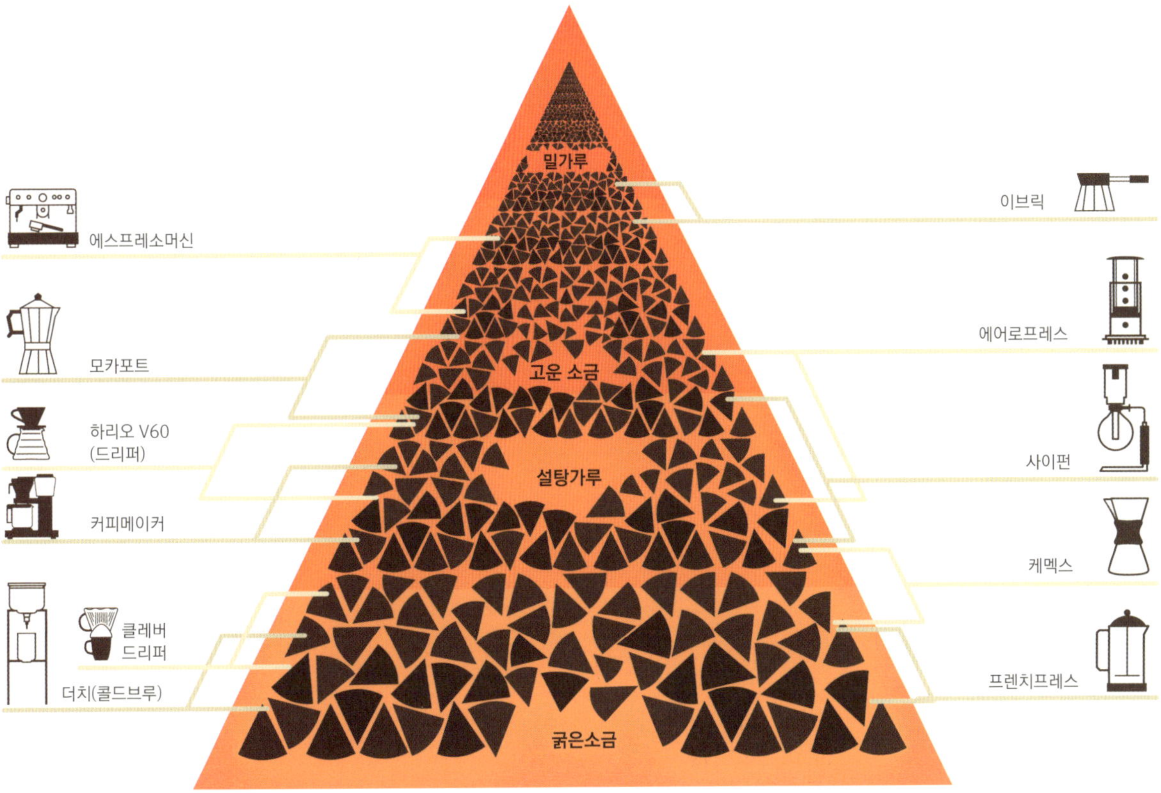

(왼쪽) 에스프레소머신 / 모카포트 / 하리오 V60 (드리퍼) / 커피메이커 / 클레버 드리퍼 / 더치(콜드브루)

(피라미드, 위에서 아래로) 밀가루 / 고운 소금 / 설탕가루 / 굵은소금

(오른쪽) 이브릭 / 에어로프레스 / 사이펀 / 케멕스 / 프렌치프레스

추출방법에 맞는 분쇄 굵기는 왜 한 가지가 아니라 다양할까?

왜냐하면 다양한 변수가 있기 때문이다.
- **커피원두** 품종, 밀도, 로스팅 정도 등
- **필요한 커피의 양** 필요한 양이 많을수록 더 굵게 간다.
- **로스팅한 커피의 노화** 오래된 커피는 곱게 갈아야 떨어진 신선도를 보완한다.
- **기후조건** 공기가 습하면 원두를 더 굵게 간다.

그라인더

수동식 그라인더부터 금속 외장의 최신 전동식 그라인더까지 기본 작동원리는 모두 같다.
커피원두가 회전날과 고정날 사이를 지나면서 갈리고,
날의 간격에 따라 커피가루가 굵거나 곱다.

수십 년 동안 각 가정의 필수품이었던 수동 그라인더(핸드밀)는 골동품이나 수집품이 될 뻔했으나 오늘날 커피마니아들이 다시 찾고 있다.

예전에는 대형 커피체인점에만 있었으나 오늘날은 흔히 볼 수 있다.

전통적으로 바 또는 레스토랑에서 사용하던 에스프레소용 그라인더이다.

수동 그라인더

용도
- 가정용 또는 휴대용

커피가루
- 필터커피에 적합하다.

장점
- 빈티지나 최신 모델 모두 디자인이 매력적이며, 최근에는 그라인더 날(버)이 마모에 강한 세라믹으로 되어 있다.
- 작아서 운반이 가능하며, 저렴하고 전기 없이 작동된다.

단점
- 힘이 필요하다.
- 굵기가 고르지 않다.

호퍼가 달린 가정용 그라인더

용도
- 가정용

커피가루
- 모델에 따라 충분히 곱다.

장점
- 작다.
- 값싸다.

단점
- 속도가 느리다.

도저 달린 에스프레소 그라인더

용도
- 전문가용 또는 가정용

커피가루
- 곱다.

장점
- 아주 곱게 갈린다.
- 도저(간 커피가루를 보관하는 공간)가 커피가루를 휘저어 섞기 때문에 덩어리가 생기지 않는다.

단점
- 도저에 담긴 커피가루가 변질된다.

분쇄커피를 용도에 맞게 구입하려는 사람들을 위해 고안된 그라인더이다.

독일의 말쾨니히(Mahlkönig)사가 발명한 '도저리스(doserless)' 그라인더. 필요에 따라 원두를 갈아서 프로그램의 설정대로 1잔 또는 2잔 용량으로 포터필터에 직접 배분한다.

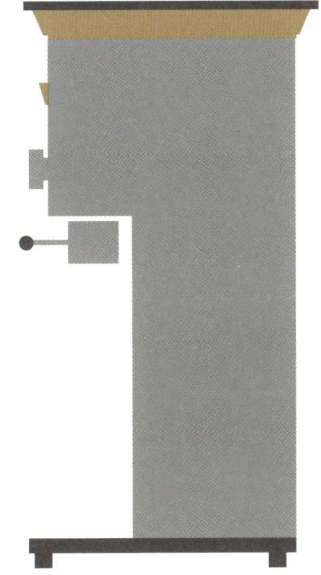

분쇄 굵기 조절장치

1. 다이얼로 톱니를 한 칸씩 돌려서 굵기를 조절하는 장치 원하는 대로 단계별 조절이 가능하다.

2. 스텝리스(stepless) 조절장치 단계별로 구분하는 칸이 없어서 원두 굵기를 보다 정밀하게 조절할 수 있다. 따라서 에스프레소 추출에 더 적합하다.

도저 없는 에스프레소 그라인더

 용도
- 전문가용 또는 가정용

 커피가루
- 곱고 항상 신선하다.

 장점
- 원두를 갈아서 바로 사용하기 때문에 산패될 여지가 없다.
- 아주 곱게 갈린다.

 단점
- 덩어리가 생긴다.

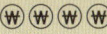 

업소용 그라인더

 용도
- 전문가용

 커피가루
- 굵기가 항상 균일하지 않다.

 장점
- 용량이 커서 짧은 시간에 많은 양의 원두를 갈 수 있다.

 단점
- 분쇄 굵기를 정밀하게 조절하지 못한다.

블레이드 그라인더

회전날을 이용해 고기나 채소를 가는 조리용 미니 블렌더와 같은 원리로 작동된다. 오래 갈수록 더 곱게 갈린다. 그다지 비싸지 않지만 원두를 고르게 갈지 못하므로 밸런스 잡힌 커피를 원한다면 사용하지 않는다.

그라인더 날

블레이드 그라인더와 달리 여러 개의 날이 있는 분쇄기를 버(burr) 그라인더라고 한다.
칼날 모양에는 플랫버(flat burrs, 평면형)와 코니컬버(conical burrs, 원뿔형)의 2가지가 있다.

형태

플랫버

평면형 날. 커피가루의 굵기가 매우 균일하게 갈리며, 그라인더 안에 커피가루가 거의 남지 않는다.

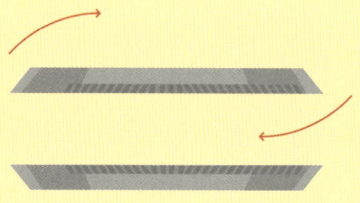

 가정이나 매일 일정하게 3kg 이하를 판매하는 작은 매장에서 사용하기 적합하다.

 장점 커피가루의 굵기가 고르고 신선하다.

 단점 회전속도(약 1,500회전/분)가 상당히 빠르기 때문에 집중적으로 사용할 경우 커피가루가 뜨거워져서 기름층(덩어리)이 생기고 향이 증발할 우려가 있다.

코니컬버

원뿔형 날. 초보자를 위한 가정용 그라인더에 달려 있다. 역설적으로 전문가용 그라인더에서는 회전속도가 느리면서 더 크고 무겁기 때문에 강력한 모터나 기어시스템을 사용해야 하는데, 그러면 가격이 비싸진다.

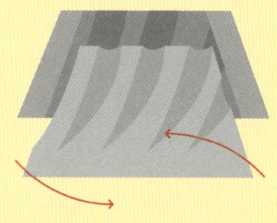

 원뿔형 날을 지닌 그라인더는 피크타임에 대처할 수 있으며, 계속 추출해도 최상의 상태를 유지할 수 있기 때문에 하루 3kg 이상 판매하는 대형 매장에 적합하다.

 장점 회전속도가 느려서(약 400회전/분) 커피가루가 뜨거워지지 않으며, 커피에 좋은 텍스처를 준다.

 단점 원두를 가는 공간 즉 분쇄실 안에 많은 양의 커피가루가 남는다. 따라서 그라인더를 사용하지 않고 몇 분 이상 지나면 커피의 신선도에 문제가 생길 수 있다.

사용기한(수명)

예리했던 날도 결국은 무뎌진다. 날이 마모되면 분쇄시간이 늘어나고 덩어리가 생기는데, 이는 날에서 열이 발생한다는 것으로 커피의 질을 떨어뜨려 에스프레소의 크레마가 적고, 향이 평이해진다. 이 문제는 커피숍인 경우 매년 날을 교체하고, 개인은 20년마다 날을 교체하면 간단하게 해결할 수 있다.

재질

세라믹

단단하나 깨져서, 이따금 커피에 섞여 들어가 자갈 같은 이물질이 통과하면서 문제를 일으킨다.

강철+티타늄

깨지지 않고 내구성이 있다.

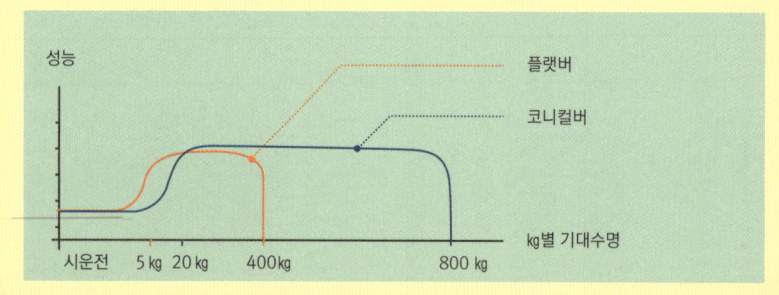

그라인더 관리

그라인더를 계속 사용하다보면 커피로 인해 오염이 되고, 커피맛이 변질된다.
커피맛이 변질되는 것을 막으려면 그라인더의 각 부분을 깨끗하게 유지하는 것이 중요하다.

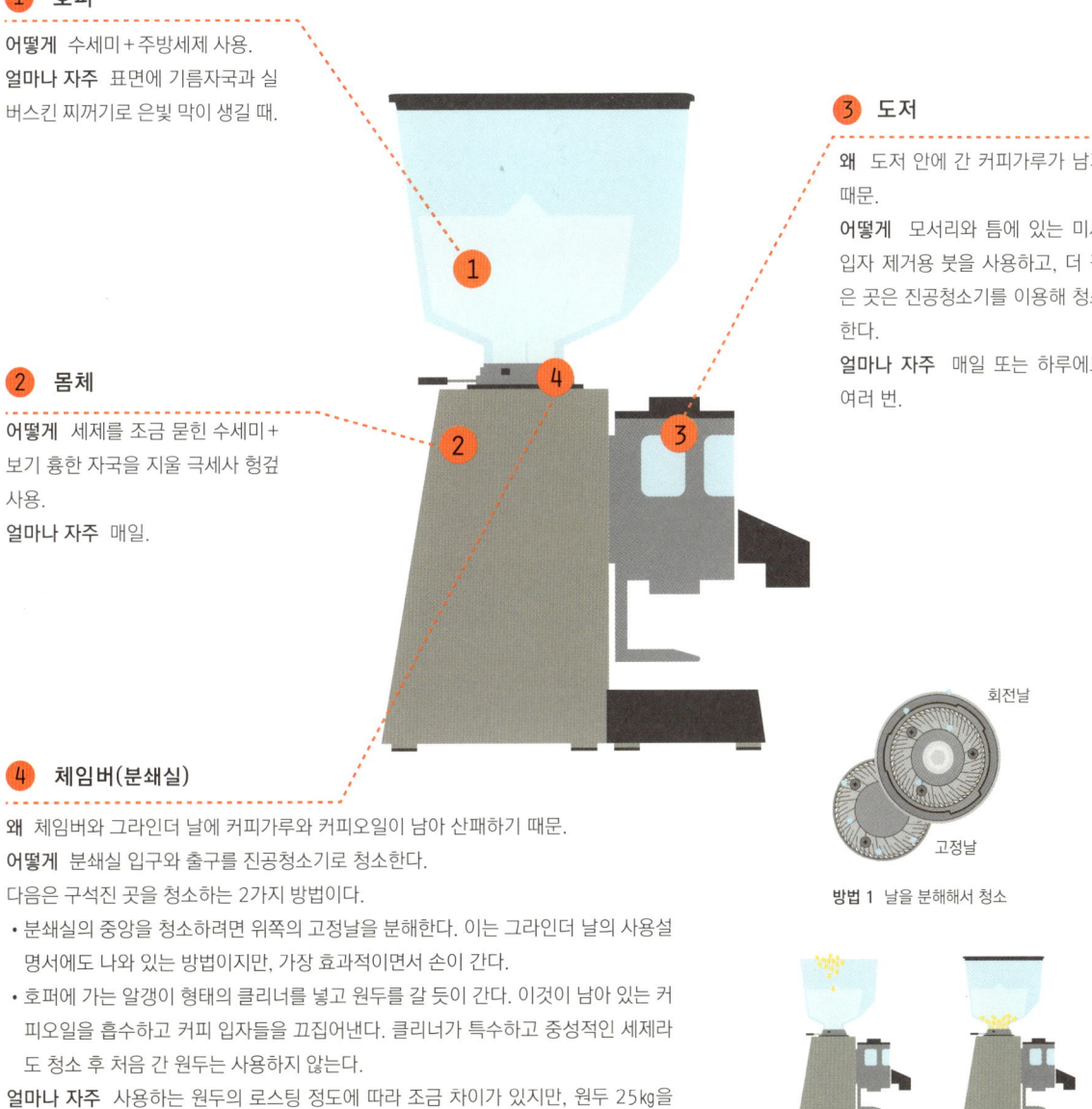

1 호퍼
어떻게 수세미 + 주방세제 사용.
얼마나 자주 표면에 기름자국과 실버스킨 찌꺼기로 은빛 막이 생길 때.

2 몸체
어떻게 세제를 조금 묻힌 수세미 + 보기 흉한 자국을 지울 극세사 헝겊 사용.
얼마나 자주 매일.

3 도저
왜 도저 안에 간 커피가루가 남기 때문.
어떻게 모서리와 틈에 있는 미세입자 제거용 붓을 사용하고, 더 깊은 곳은 진공청소기를 이용해 청소한다.
얼마나 자주 매일 또는 하루에도 여러 번.

4 체임버(분쇄실)
왜 체임버와 그라인더 날에 커피가루와 커피오일이 남아 산패하기 때문.
어떻게 분쇄실 입구와 출구를 진공청소기로 청소한다.
다음은 구석진 곳을 청소하는 2가지 방법이다.
- 분쇄실의 중앙을 청소하려면 위쪽의 고정날을 분해한다. 이는 그라인더 날의 사용설명서에도 나와 있는 방법이지만, 가장 효과적이면서 손이 간다.
- 호퍼에 가는 알갱이 형태의 클리너를 넣고 원두를 갈 듯이 간다. 이것이 남아 있는 커피오일을 흡수하고 커피 입자들을 끄집어낸다. 클리너가 특수하고 중성적인 세제라도 청소 후 처음 간 원두는 사용하지 않는다.

얼마나 자주 사용하는 원두의 로스팅 정도에 따라 조금 차이가 있지만, 원두 25kg을 갈았을 때마다 청소한다.

방법 1 날을 분해해서 청소

방법 2 클리너를 이용한 청소

물

물은 두 가지 화학원소인 수소와 산소(H_2O)로 이루어져 있지만, 순수한 형태로 존재하지 않는다. 사람들이 사용하게 되기까지의 오랜 여정 중에 미네랄과 미량원소들을 함유하게 되는데, 이들의 화학적 특성이 커피맛에 영향을 줄 수 있으므로 다음의 몇 가지 기준을 충족시켜야 한다.

어떤 방법으로 커피를 추출하든 물이 커피의 풍미를 가리지 않고 향미 요소들을 끌어내야 한다. 물은 에스프레소의 약 88%, 필터커피의 98% 이상을 차지한다. 그러나 유의할 점은 모든 물이 다 같지 않다는 것이다.

물 88%

물 98%

커피 추출에 알맞은 물

맛이 중성적이어야 한다

물맛이 모두 똑같지는 않다. 물맛은 물에 들어 있는 미네랄과 미량원소의 비율에 따라, 그리고 염소 양(수돗물의 경우)에 따라 다양하다. 좋은 커피를 만들기 위해서는 신선하고 순수하며 잡냄새가 없는 물을 사용해야 한다.

커피향을 끌어내야 한다

물에 있는 미네랄은 180℃로 끓이면 수증기에 의해 분리되어 잔류물로 남는다. 미네랄과 그 밖의 미량원소는 물맛과 커피의 향 구성성분을 끌어내는 것에도 영향을 준다. SCAA(미국스페셜티커피협회)의 시음 테스트에 따르면, 180℃에서 증발잔류물이 약 150mg/ℓ이면 밸런스가 좋은 커피를 얻을 수 있다.

너무 연수이거나 너무 경수여도 안 된다

커피에서는 무엇보다도 일시경도(탄산염경도라고도 하며 끓이면 연화된다)가 3~5°dH이어야 한다는 점이 중요하다. 영구경도는 일시경도보다 낮아야 석회 침착을 막을 수 있고, 필요한 미네랄이 밸런스를 이뤄 맛있는 커피를 얻을 수 있다. 물이 너무 경수이면 에스프레소머신 내부, 커피메이커, 주전자 등에 석회가 낀다. 반대로 물이 너무 연수이면 일시경도가 수소이온농도(pH)의 변화에 대처하는 완충 능력을 잃어 기계 부품들을 부식시킬 수 있다.

요점 정리

물이 너무 경수이면 기계에 석회가 낀다. 반대로 물이 너무 연수이면 기계를 부식시켜 보일러에 구멍이 생긴다. 이런 점들을 모두 고려했을 때 석회가 끼는 것이 낫다.

기초 화학

앞에서 설명한 내용이 마치 암반수에 관한 내용처럼 잘 이해가 안 된다면
물의 경도와 수소이온농도에 대해 간단하게 다시 살펴보자.

물의 경도

물을 냄비에 끓이면 일시경도가 사라지고, 냄비 안에 흰 침전물 다시 말해 석회질이 뚜렷하게 나타난다. 이는 중탄산칼슘과 중탄산마그네슘이 열작용에 의해 탄산염으로 침전된 것이다.

물이 끓은 이후에도 지속되는 영구경도는 황산칼슘(석고)과 마그네슘 농도에 상응한다.

일시경도와 영구경도의 합이 총경도(GH, General Hardness)인데, 일반적으로 도시의 상수도사업부서가 제공하는 정보는 물의 총경도이다.

총경도(GH) = 일시경도(KH) + 영구경도

경도의 단위는 독일 단위 °dH이다.

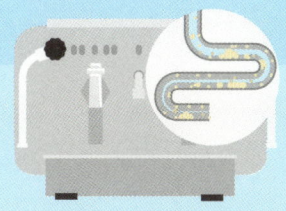

석회질은 에스프레소머신의 배관을 따라 나간다. 따라서 기계에 문제를 일으키지는 않으나 물맛에 영향을 준다.

총경도 = 영구경도 + 일시경도

석회질은 물을 끓여도 남는다.   석회질은 물이 끓은 후 냄비 안에 남는 흰 침전물이다.

수소이온농도(pH)

pH(용액 속 수소이온농도를 나타내는 지표)는 산성, 알칼리성, 중성의 3종류로 나뉘고, 1~14단계로 표시된다.
- pH < 7 : 물이 산성이다.
- pH > 7 : 물이 알칼리성이다.
- pH = 7 : 물이 중성이다.

물에 들어 있는 미네랄 양은 pH에 영향을 준다. 물에 미네랄이 많을수록 pH가 더 높고, 물이 연수일수록 더 산성이 된다. **에스프레소머신의 부식을 막기 위해서는 pH 6.5 이하의 물을 사용하지 않는다.**

수질 테스트

관상어 기르는 사람들이 사용하는 수조용 테스터로 수질(KH와 pH)을 확인할 수 있다. 에스프레소머신 제조사 중에는 물의 경도를 측정하는 키트를 제공하는 곳도 있다.

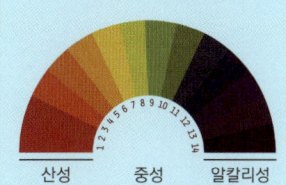

물을 선택하는 방법

커피 추출방법에 맞는 물을 선택하여 사용하는 것이
맛있는 커피를 만드는 쉬우면서도 효과적인 방법이다.

생수

미네랄워터 또는 샘물은 가장 비경제적이고 반환경적인 방법이지만, 커피 추출방법에 맞는 성분의 물을 골라서 사용할 수 있다. 에스프레소머신의 경우 물의 경도와 수소이온농도(pH)를 고려한다. 부드러운 추출방식의 필터커피는 기계 관리와 관련해서는 고려하지 않아도 되고(커피메이커 제외), 커피의 풍미에 미칠 영향을 고려하여 물을 선택하면 된다.

볼빅(Volvic®)

- 에스프레소에 알맞다. 일시경도와 수소이온농도가 에스프레소머신의 기계장치를 석회질과 부식으로부터 보호하기 때문이다.
- 필터커피의 경우 커피맛이 잘 드러나고 밸런스 잡힌 커피를 제공한다.

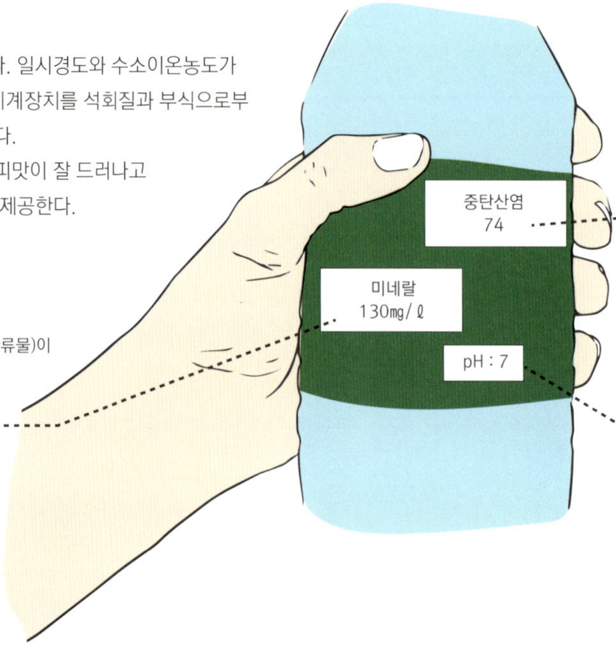

미네랄의 총 함유량(증발잔류물)이 정확하게 표시되어 있다.
130mg/ℓ

중탄산염
74

미네랄
130mg/ℓ

pH : 7

중탄산염의 함유량은 일시경도(KH)에 상응한다.
함유량 74mg/ℓ 즉 일시경도 3.4°dH
(KH=74/22=3.4°dH).

pH가 표시되어 있다.
pH 7

몽칼므(Montcalm®)

- 미네랄 함유량이 적고 약산성이다.
- 필터커피의 경우 볼빅 샘물보다 커피의 신맛과 더 잘 어울리며, 더 깨끗하고 덜 거친 질감이다.

에스프레소용으로는 부적합.

미네랄워터 vs 샘물

상업적으로 판매되는 위의 생수 명칭은 법으로 규정되어 있다. 두 가지 모두 가공하지 않은, 지하수로 만든 휴대용 물이다. 미네랄워터(광천수)는 특별한 성질(주로 치료효과)을 가진 생수이며, 샘물에 비해 그 구성이 시간이 지나도 안정적이다. 그러나 프랑스에서는 미네랄워터가 샘물보다 반드시 미네랄이 더 많아야 한다고 법으로 규정하고 있지는 않다.

정수

정수처리를 하지 않아도 되는 특정 지역에 살지 않는 한 수돗물의 수질을 개선하기 위해 정수작업이 필요하다.

수돗물의 일시경도가 3~5°dH인 경우

간단한 활성탄 필터 사용으로도 염소 등의 잡냄새 제거에 도움이 된다.

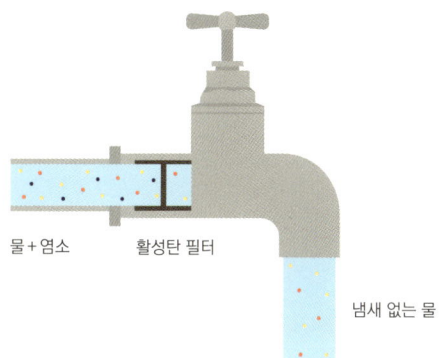

수돗물의 일시경도가 5°dH 이상인 경우

이온교환수지가 추가되어 석회성분(일부 지역에서는 황산칼슘)까지 걸러줄 수 있는 보다 정교한 정수 카트리지를 사용한다.

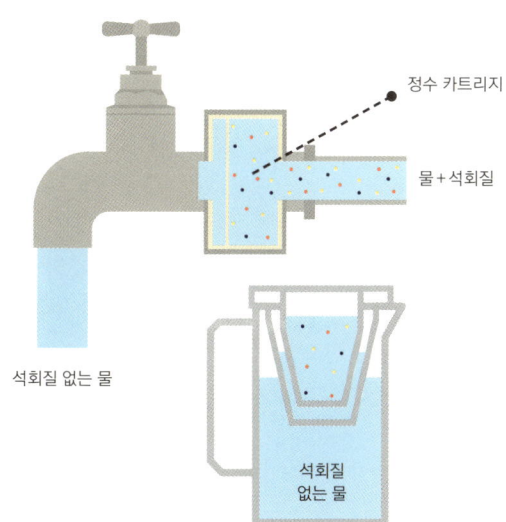
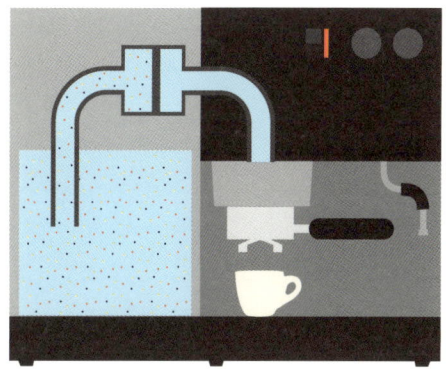

에스프레소머신의 물 저장소 안에 카트리지를 직접 넣는 형태와 포트형 정수기가 있다.

에스프레소머신뿐만 아니라 모든 커피추출기구에서 장비가 부식되고 부패하는 것을 막으려면 정수처리한 물의 pH가 한계치인 6.5 이하로 내려가지 않게 한다.

커피에 맞는 커피잔

커피는 카운터나 테이블에 앉아서 또는 걸어다니면서 마실 수 있고, 모든 종류의 컵에 담을 수 있다.
단, 커피를 담은 커피잔, 유리컵, 머그잔에 따라 그 맛이 절묘하게 달라진다.

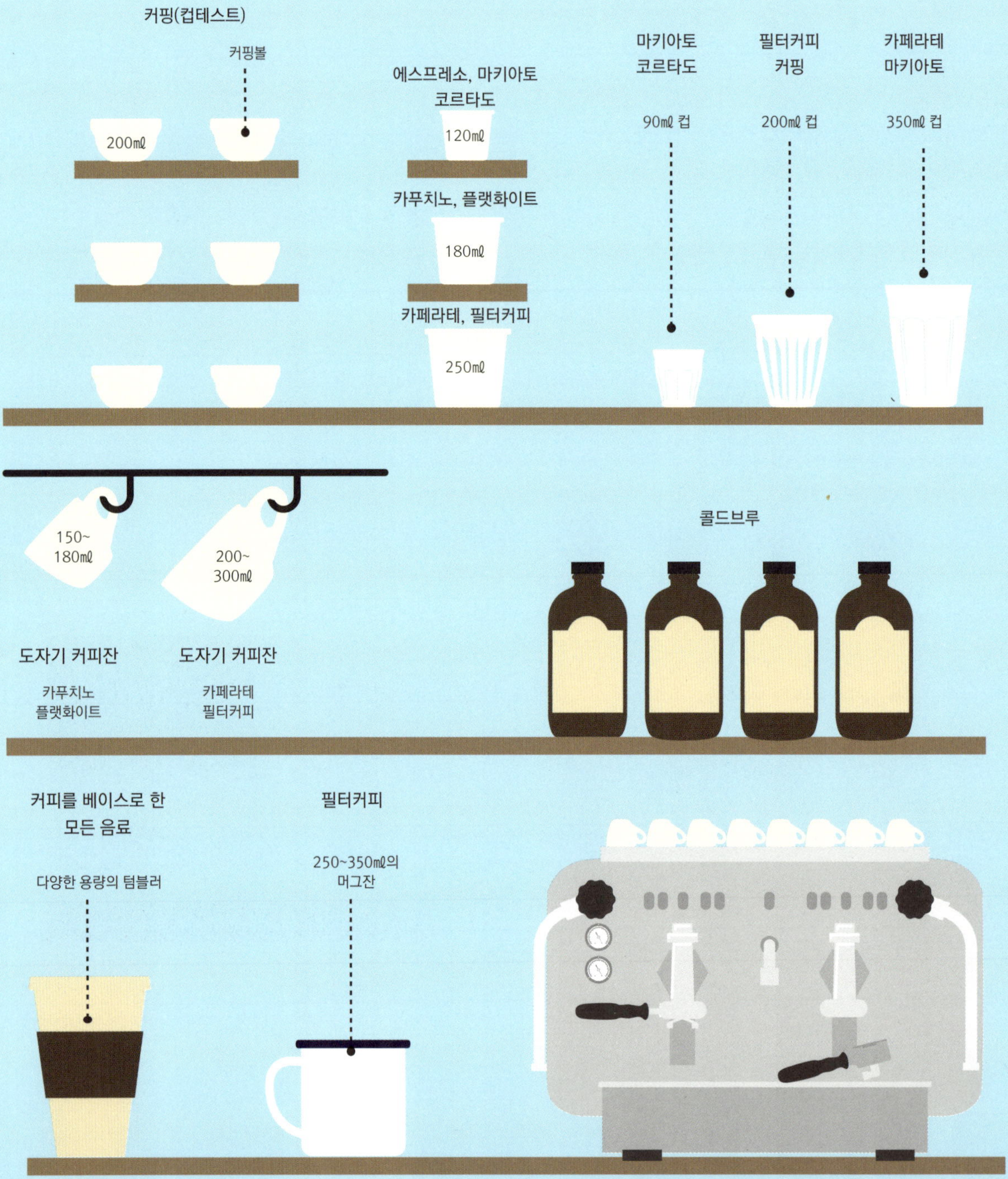

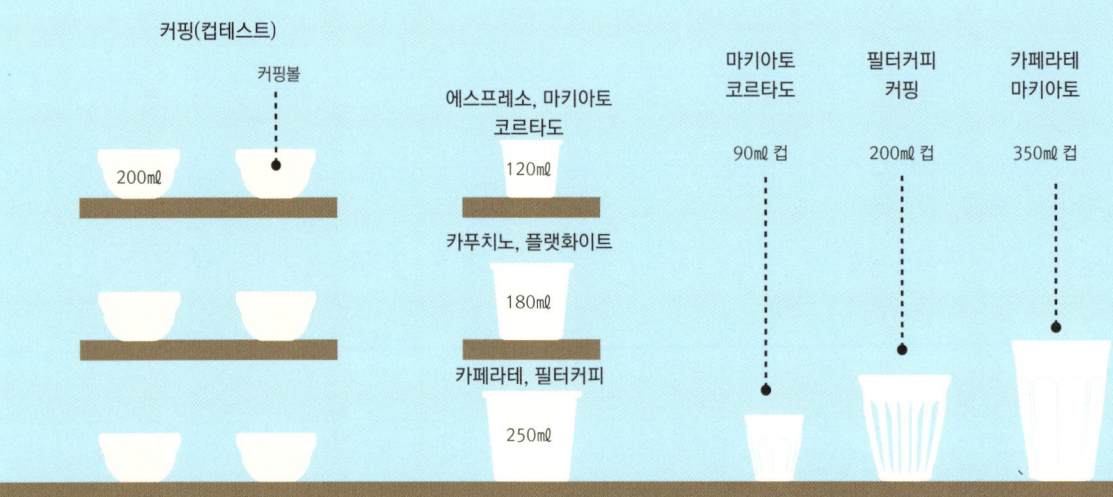

에스프레소잔

에스프레소에는 도자기 커피잔이 가장 적합하지만,
커피의 향미를 잘 살리려면 몇 가지 조건을 충족시켜야 한다.

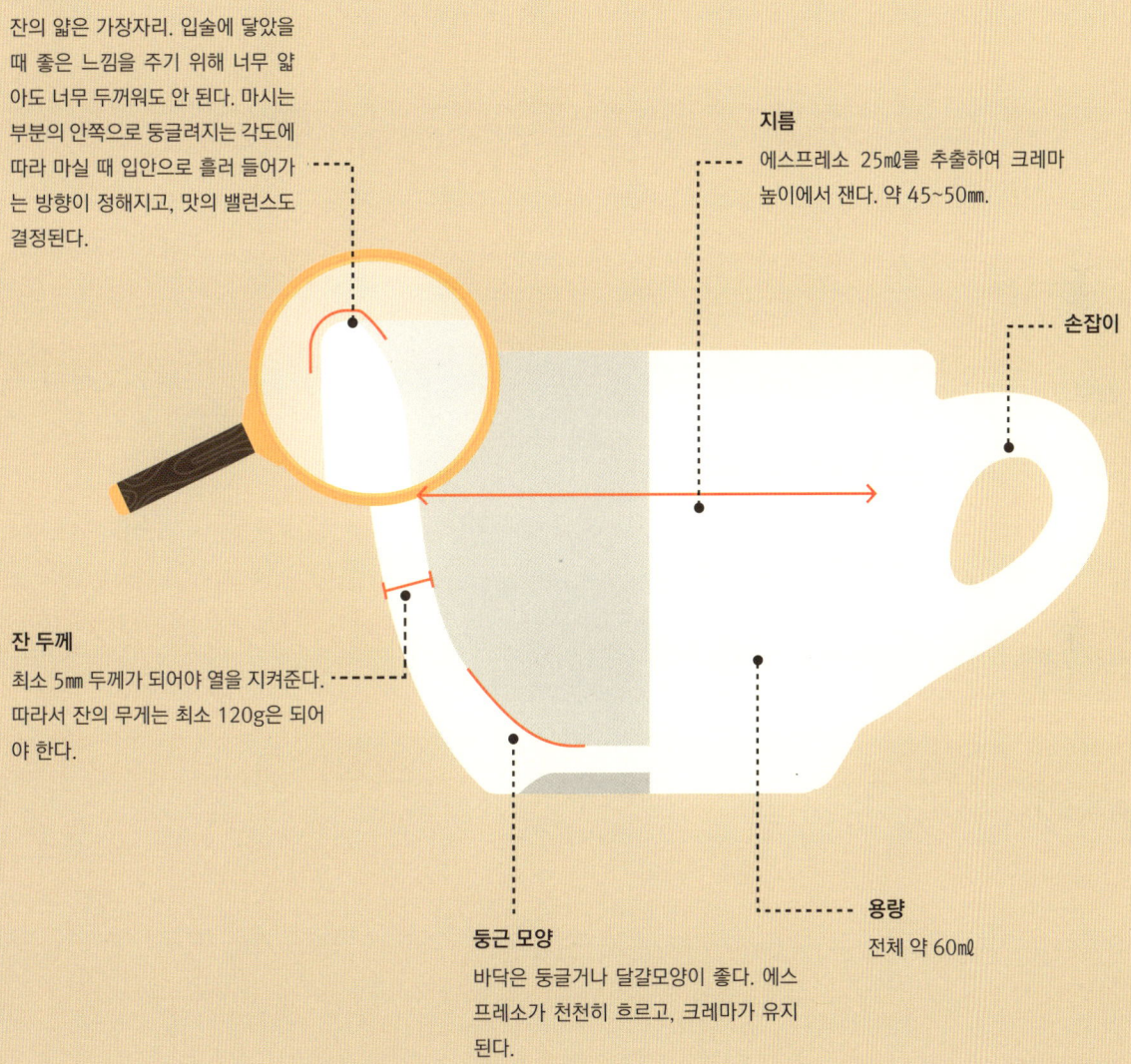

잔 테두리
잔의 얇은 가장자리. 입술에 닿았을 때 좋은 느낌을 주기 위해 너무 얇아도 너무 두꺼워도 안 된다. 마시는 부분의 안쪽으로 둥글려지는 각도에 따라 마실 때 입안으로 흘러 들어가는 방향이 정해지고, 맛의 밸런스도 결정된다.

지름
에스프레소 25㎖를 추출하여 크레마 높이에서 잰다. 약 45~50㎜.

손잡이

잔 두께
최소 5㎜ 두께가 되어야 열을 지켜준다. 따라서 잔의 무게는 최소 120g은 되어야 한다.

용량
전체 약 60㎖

둥근 모양
바닥은 둥글거나 달걀모양이 좋다. 에스프레소가 천천히 흐르고, 크레마가 유지된다.

에스프레소

커피의 향미를 추출하기 위해 높은 압력을 이용한다.

짧고 빠르게

에스프레소는 한 잔에 적은 양(15~60㎖)을 추출한 커피다. 다른 방법들과 달리 '역학(力學, 물리학의 한 분야)'을 이용한 방식으로 높은 압력을 가해 뜨거운 물을 빠르게(20~30초) 통과시켜 커피오일과 커피의 향 구성성분을 추출한다.

적지만 강렬한

에스프레소는 이탈리아어로 '크레마'라 부르는 표면의 크림이 특징이다. 이것은 아주 고운 입자의 커피가루(극세굵기), 물, 커피오일(카페올)과 이산화탄소(CO_2)가 결합된 유화액 상태이다. 한 잔의 에스프레소는 보디가 풍부하며 진하고 강렬한 맛이다. 에스프레소는 필터커피보다 평균 10배 더 농축되어 있다.

에스프레소의 역사

최신 유행의 이 커피 추출법은
1820년 프랑스의 루이 베르나르 라보(Louis-Bernard Rabaut)의 아이디어에서 나왔으며,
이후 이탈리아사람들에 의해 대중화되고 발전하였다.

1820 — 강하게 로스팅하여 곱게 간 커피원두에 뜨거운 물을 밀어 넣기 위해 증기를 이용하는 방법으로, 프랑스 루이 베르나르 라보의 아이디어이다.

1855 — 이 발상은 프랑스의 에두아르 루아젤 드 상테(Édouard Loysel de Santais)가 1855년 제1회 파리만국박람회에서 커피와 차 심지어 맥주까지 한꺼번에 대량공급할 수 있는 정수역학적 커피추출기구를 선보이며 구체화되었다.

1884 — 1884년 토리노박람회에서 이탈리아 기업가 안젤로 모리온도(Angelo Moriondo)는 커피를 경제적으로 빨리 추출하는 증기 머신을 선보여 동메달을 획득하였다. 아직 엑스프레소 또는 에스프레소머신이 잘 알려지지 않았지만 호텔이나 패밀리레스토랑에 설치하기 위한 몇몇 시제품들이 생산되었다.

기술 교류

에스프레소 추출방식을 발전, 정착시킨 것은 이탈리아사람들이지만, 유명한 에스프레소의 역사가 프랑스에서 시작되었다는 것은 잘 모를 것이다. 마찬가지로, 1855년 파리에서 열린 제1회 만국박람회에서 공식적으로 보르도와인 62종의 등급을 매겼는데, 포도주는 고대 로마인들에 의해 지금의 프랑스를 포함한 갈리아 지역에 전해졌다.

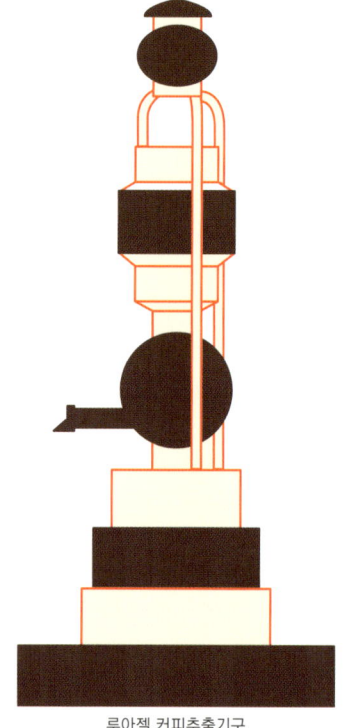

루아젤 커피추출기구

간단한 용어사전

커피 끓이는 도구를 가리키는 프랑스어 percolateur(영어로는 percolator)는 영어 '거르다(percolate)'에서 왔으며, percolate는 '통과하다, 거르다'라는 의미의 라틴어 'percolare'에서 왔다. '정수역학적'이라는 말은 추출압력의 에너지를 솟아오르는 물기둥의 무게에서 얻는다는 것을 의미한다(10m당 1기압).

엑스프레소? 에스프레소?

엑스프레소(expresso)라는 명사는 '빠른(express)'에서 유래한다. 유럽이나 프랑스어를 사용하는 몇몇 국가를 제외하고는 'espresso'라는 변형태를 사용하는데, 아마도 이는 이탈리아어 'pressione(압박하다)'에서 비롯되었을 것이다.

지금은 '엑스프레소'라는 말이 약 60㎖(프랑스어로 ⅔잔이라 불리는)의 커피에 사용되는 반면 '에스프레소'는 30㎖의 적은 양의 커피에 사용된다. 그리고 커피 관련 문화가 이탈리아를 따라가듯이 '에스프레소'라는 말이 점차 일반적인 용어로 자리잡고 있다.

1901

1901년 루이지 베체라(Luigi Bezzera)가 개발한 티포 기간테(Tipo Gigante), 그리고 이와 거의 흡사한 데시데리오 파보니(Desiderio Pavoni)의 이데알레(Ideale)가 등장하였다. 이 둘은 개개인의 커피를 추출하는 포터필터가 있는 최초의 진정한 에스프레소머신이다.

1947

1947년 아킬레 가자(Achille Gaggia)의 레버가 달린 에스프레소머신은 압력을 1.5기압에서 9기압으로 올려 지금까지 압력이 충분하지 않아서 볼 수 없었던 크레마가 만들어졌다.

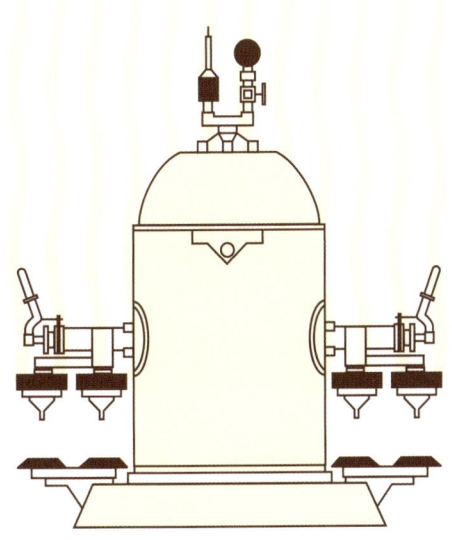

루이지 베체라의 티포 기간테

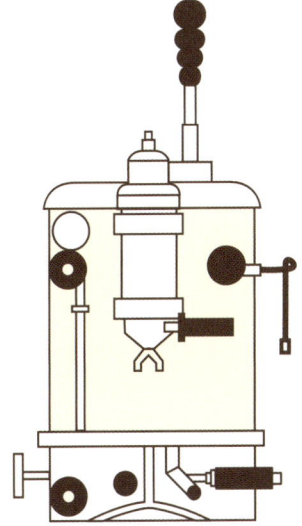

가자의 레버가 달린 에스프레소머신

추출해서 빨리 마시는 에스프레소 커피의 진실

처음에 에스프레소를 생각해낸 것은 시간을 벌기 위해서였다. 실제로 루이지 베체라는 종업원들의 휴식시간을 줄이기 위해 티포 기간테를 개발하였다. 빠른 주문, 빠른 추출, 빨리 마시기. 에스프레소는 다음 추출이 이루어지는 4분 안에 마시는 것이 관습이다.

에스프레소 시음

에스프레소의 평가는 와인처럼 먼저 맛을 보고 나서 커피향에서 영감을 떠올리고, 혀의 반응과 마지막까지 입안에 남아 있는 향에 집중하며 느낀 감각을 말로 표현하는 것이다. 느낄 준비가 되었으면 시작해보자.

시음방법

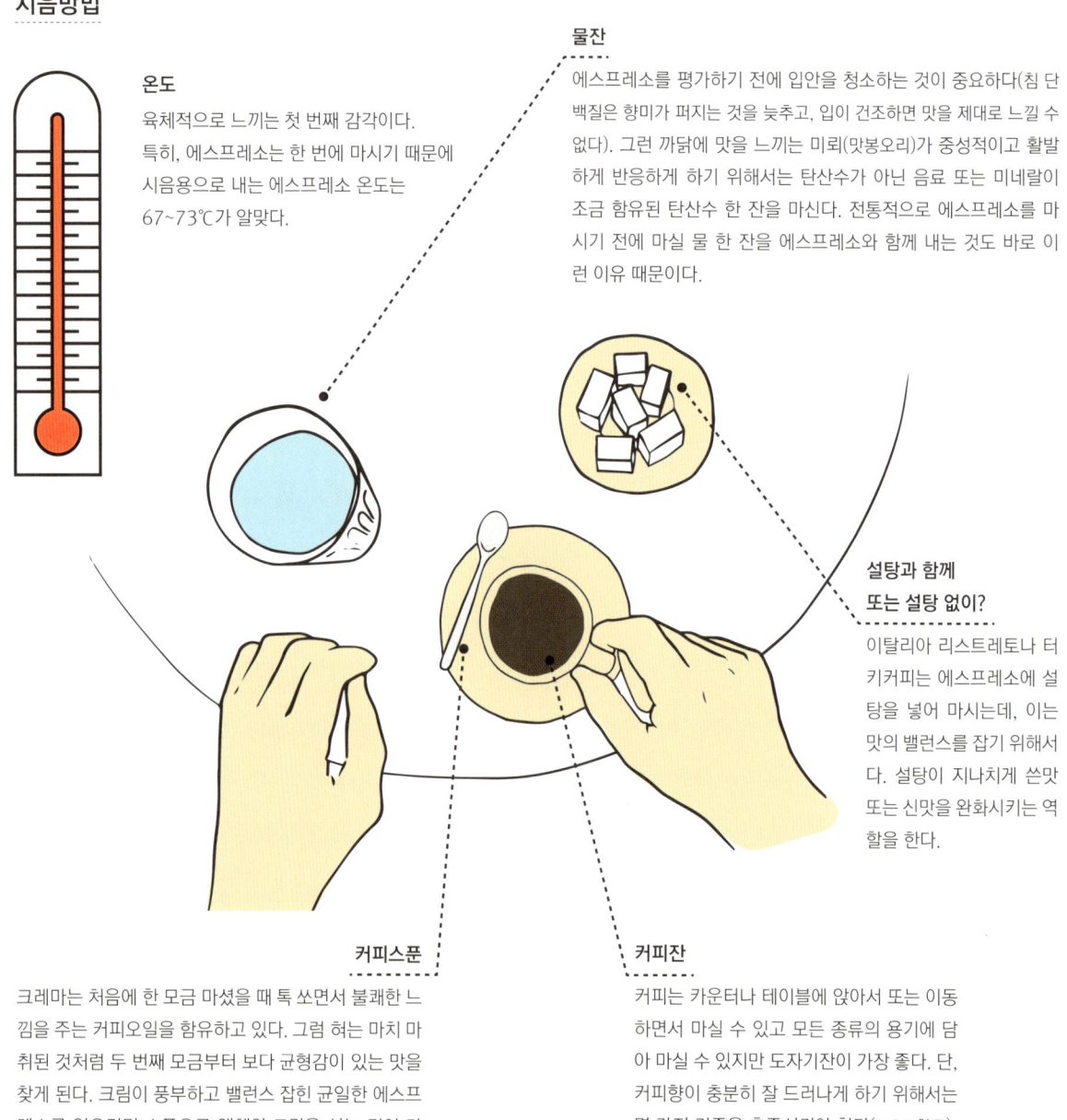

온도
육체적으로 느끼는 첫 번째 감각이다. 특히, 에스프레소는 한 번에 마시기 때문에 시음용으로 내는 에스프레소 온도는 67~73℃가 알맞다.

물잔
에스프레소를 평가하기 전에 입안을 청소하는 것이 중요하다(침 단백질은 향미가 퍼지는 것을 늦추고, 입이 건조하면 맛을 제대로 느낄 수 없다). 그런 까닭에 맛을 느끼는 미뢰(맛봉오리)가 중성적이고 활발하게 반응하게 하기 위해서는 탄산수가 아닌 음료 또는 미네랄이 조금 함유된 탄산수 한 잔을 마신다. 전통적으로 에스프레소를 마시기 전에 마실 물 한 잔을 에스프레소와 함께 내는 것도 바로 이런 이유 때문이다.

설탕과 함께 또는 설탕 없이?
이탈리아 리스트레토나 터키커피는 에스프레소에 설탕을 넣어 마시는데, 이는 맛의 밸런스를 잡기 위해서다. 설탕이 지나치게 쓴맛 또는 신맛을 완화시키는 역할을 한다.

커피스푼
크레마는 처음에 한 모금 마셨을 때 톡 쏘면서 불쾌한 느낌을 주는 커피오일을 함유하고 있다. 그럼 혀는 마치 마취된 것처럼 두 번째 모금부터 보다 균형감이 있는 맛을 찾게 된다. 크림이 풍부하고 밸런스 잡힌 균일한 에스프레소를 얻으려면 스푼으로 액체와 크림을 섞는 것이 가장 좋은 방법이다.

커피잔
커피는 카운터나 테이블에 앉아서 또는 이동하면서 마실 수 있고 모든 종류의 용기에 담아 마실 수 있지만 도자기잔이 가장 좋다. 단, 커피향이 충분히 잘 드러나게 하기 위해서는 몇 가지 기준을 충족시켜야 한다(p.37 참조).

감각

크레마

'크레마'는 에스프레소를 평가할 때 유일하게 눈으로 확인할 수 있는 것이다. 크레마의 색깔, 두께, 줄무늬 모양 등은 에스프레소를 평가하기에 충분치 않지만, 커피의 신선함과 로스팅 정도를 판단하는 좋은 기준이 된다. 추출을 잘 했는데도 크레마가 너무 적으면 커피 표면을 완전히 덮지 못하거나 4분도 되지 않아 사라진다. 그리고 이 경우 원두가 충분히 로스팅되지 않았거나 신선하지 않다고 단언할 수 있다.

뚜렷한 크레마
잘 만든 훌륭한 에스프레소라는 것을 말해준다.

줄무늬 크레마
멋진 불그스레한 광택이 있으며, 밸런스를 잃은 에스프레소의 맛을 아주 잘 감춰준다.

듬성듬성한 크레마
커피원두에 문제가 있음을 보여준다(로스팅, 신선도).

후각_ 코로 맡는 향(fragrance)

와인과 같이 에스프레소에서도 코로 맡는 향들에 대해 이야기한다. 에스프레소에서 나는 향은 견과류(땅콩, 헤이즐넛 등), 향신료(아니스, 계피 등), 과일(딸기나 라즈베리 같은 베리류, 복숭아 등) 또는 꽃(재스민, 장미 등) 같은 긍정적인 노트(note, 특징)들이어야 한다. 나무, 연기, 담배 냄새 등은 부정적으로 평가된다.

비후각_ 입을 통해서 코로 맡는 향(aroma)

냄새나 향은 코로 바로 느끼지만, 아로마는 비후(鼻喉) 즉 입안에서 코로 연결된 통로(코인두)를 통해 처음부터 마지막까지 느낀다. 아로마는 코로 맡는 향과 마찬가지로 휘발성 분자에 실려 전달되며 과일, 향신료, 꽃 등의 향이 있다. 그러나 코로 맡는 향과 입안에서 느끼는 아로마가 늘 일치하는 것은 아니다. 스페셜티커피의 아로마는 미각 체험을 풍부하게 하고, 입안에서 코로 빠져나갈 때 최상의 그랑크뤼가 가진 복합적인 향을 느낄 수 있다.

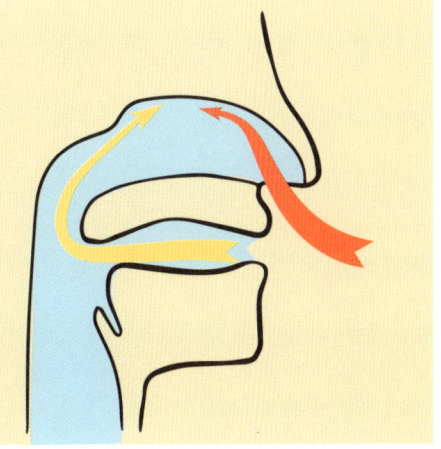

에스프레소 시음

보디

보디는 커피의 질감과 농도를 말한다. 점도는 에스프레소의 중요한 특징으로, 필터커피보다 10배나 높다. 높은 기압이 커피를 통과하며 오일을 유화시켜 입에서 진한 농도가 느껴지는 것이다. 에스프레소는 묵직하고 크림 같으며 진하고 끈적끈적한 시럽 상태의 리큐어 같은 에스프레소와, 물이 많아서 묽고 싱거우며 연한 에스프레소로 나눌 수 있다.

> 커피의 질감은 입안에서 느끼는 촉감으로, 3차신경에 의해 뇌로 전달된다.

묵직한 에스프레소 / 싱겁고 연한 에스프레소

수렴성

에스프레소에서 느끼는 가장 불쾌한 느낌 중 하나이다. 이는 꺼칠꺼칠하고 건조한 느낌으로 점막의 수축작용 때문이며, 쓴맛과 신맛에 의해 강화된다.

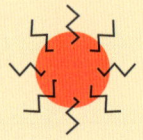

맛

비휘발성 분자에 의해 미뢰(혀 위에 있는 미각을 맡은 맛봉오리)에 전달되는 기본 5가지 맛 가운데 커피에서 뚜렷이 느껴지는 맛은 신맛(산미), 단맛(감미) 그리고 쓴맛이다.

커피맛 구분

여기서는 커피에서 맛볼 수 있는 여러 맛들, 특히 신맛과 쓴맛을 구분할 수 있도록 도울 것이다. 다음 그림은 맛을 확실히 구분할 수 있도록 각각의 맛에서 잘 알려진 것들을 예로 든 것이다.

쓴맛

쓴맛에 대한 선천적 거부감은 쓴맛이 나는 것 대부분이 자연독을 지니고 있다고 보는 데서 오는 오래된 방어본능이다. 게다가 커피의 쓴맛은 주로 천연살충제인 카페인과, 비타민 B_3(니코틴산 또는 나이아신)의 유도체이며 알칼로이드의 한 종류인 트리고넬린(Trigonelline) 때문이다.

자몽

치커리

신맛

입에 넣자마자 느끼는 감각이다. 신맛의 종류는 다양한데, 이는 맛을 볼 때 침과 산이 섞여 사람마다 다르게 느끼기 때문이다.

라임

시트르산(구연산) 고지대에서 재배되는 열매에서 생성된다. 이는 수확물의 신선도를 알려준다.

슈웹스 (탄산음료)

퀸산 수렴성의 원인이다. 클로로겐산이 분해되며 생기고, 강 로스팅이 될 때까지 계속 생성되는 흔치 않은 산 중 하나이다.

단맛

설탕은 부드러움을 주고 신맛을 완화시킨다.

사과

말산(사과산) 동아프리카(부룬디, 르완다) 일부 커피들의 특징이다. 또한 수확물이 덜 익었다는 것을 의미하기도 한다.

콜라

인산 다른 산들과 달리 미네랄이며, 케냐의 커피 품종 SL 28과 SL 34의 특징이다.

식초

아세트산(초산) 너무 강하면 불쾌한 신맛이 된다. 퀸산과 마찬가지로 강 로스팅이 될 때까지 계속해서 생성된다.

짠맛 나는 커피

몇몇 커피, 예를 들어 열대계절풍기후(열대몬순기후)의 커피에서는 짠맛이 난다(p.177 참조).

밸런스 잡힌 에스프레소는 신맛과 쓴맛이 절묘하게 조화를 이룬다

프랑스에서는 커피가 쓴 것이라고 생각한다. 그러나 점차 에스프레소의 쓴맛은 줄고, 과일의 향과 맛을 내는 신맛이 많아지고 있다. 신맛은 청량감과 신선함을 주고, 침이 나오게 하여 향미를 느끼게 하며, 입안에 여운을 남긴다. 따라서 신맛은 지나치게 자극적이지만 않으면 긍정적으로 평가된다. 본래 적대적인 이 두 가지 맛은 조금 신맛이 나는 밸런스 잡힌 에스프레소를 만들기 위해 없어서는 안 된다.

커핑(커피 테이스팅)

'좋다'는 생각은 문화적이고, 개인적이며, 주관적이다. 이는 즐겁다고 느끼는 생각과 밀접한 관련이 있다.
그래서 에스프레소에 결함이 없어도 전혀 감동이 없이 단조로울 수 있다.
시음 규칙이나 기준보다 중요한 것은 즐거움을 느끼는 것이다.

입안에서

에스프레소 시음은 시작, 중간, 마무리의 3단계로 이루어진다. 각 단계는 하나의 맛이 지배적일 수 있다. 예를 들어, 시작할 때는 신맛이, 중간에는 밸런스가 좋은 맛이, 마무리는 조금 쓴맛이 지배적인 것이다. 입안에서의 '여운' 또는 '뒷맛'이라고도 하는 마무리 단계는 맛보다는 오히려 향이 있어야 이상적이다. 각각의 커피는 상승, 하강, 수평 등 고유의 시음 프로필을 갖고 있다.

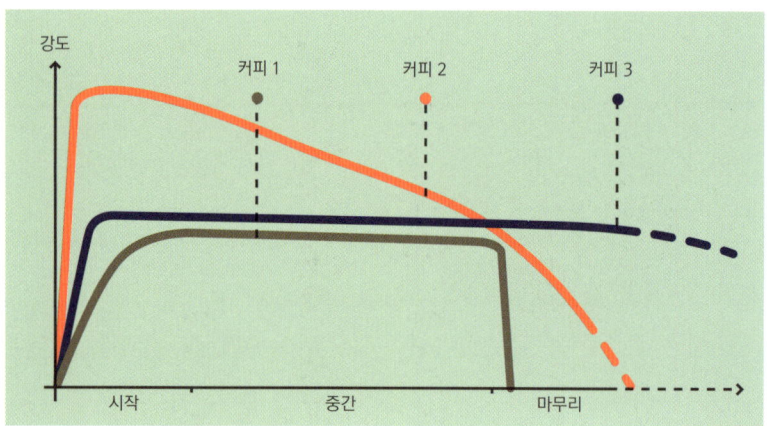

- **커피 1** 미각의 강도가 점진적으로 상승하다가 갑자기 하강한다. 여운은 거의 존재하지 않는다.
- **커피 2** 시작이 매우 강렬하고, 중간이 지속되며, 마무리는 점진적으로 하강한다.
- **커피 3** 매우 '수평적인' 커피. 어떤 단계도 다른 단계보다 위에 있지 않고 전 단계가 안정적이다. 입안에서 여운이 오래 몇 분간 지속된다.

커피의 향미

커피에서 느끼고 분석한 감각들을 종합한 것이 커피의 향미다. 이런 감각들이 잘 조화를 이루고 결합할수록 에스프레소는 더욱 더 밸런스가 좋아진다.

 좋은 에스프레소의 특징

복합적이다 다수의 긍정적인 감각들이 조화를 이룬다.
깔끔하다 눈에 띄는 주요 결함은 없다(깔끔함=클린컵)
부드럽다 단맛과 강렬하지 않은 향의 기분 좋은 커피.
감미롭다 부드러우며 조금 새큼하다.
묵직하다 입안에서 진한 농도가 느껴진다.
밸런스가 좋다 맛들이 조화를 이루고 조금 신맛이 난다.

 나쁜 에스프레소의 특징

자극적이다 불쾌한 신맛으로 맛이 시큼하다(초산 참조).
떫다 입안에서 껄끄러운 느낌의 떫은 맛이다.
나무냄새가 난다 에스프레소에서 부정적인 감각으로 커피생두를 잘못 저장하였거나 로스팅이 잘못되었을 때 생긴다.
산패해서 맛과 냄새가 역하다 일반적으로 아주 강하게 로스팅한 후 잘못 저장하거나 너무 오랫동안 보관하면 역한 맛이 난다.
쓰다 쓴맛이 너무 지나쳐도 결함으로 본다.
올드크롭 신선하지 않고 맛과 냄새가 역하며, 나무냄새와 마대를 연상시키는 냄새가 난다.

커핑노트

이름:	엘살바도르 핀카 라 파니
품종:	부르봉 루주 (Bourbon rouge)
건조:	워시드, 내추럴
로스팅:	2016년 4월 14일
시음일:	2016년 4월 30일

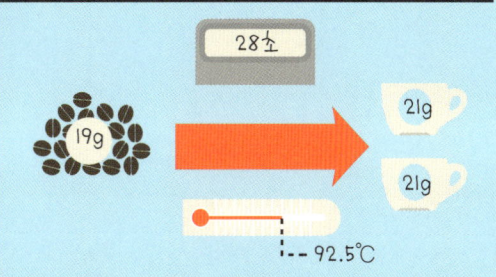

후각(fragrance)

긍정적
- ✓ 견과류
- 베리류
- 열대과일
- 핵과류
- 감귤류
- 채소
- 꽃
- 향신료

부정적
- 연기냄새
- 풀냄새
- 나무냄새
- 탄내

특징: 아몬드

크레마

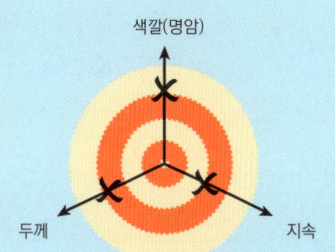

비후각(aroma)

긍정적
- ✓ 견과류
- ✓ 베리류
- 열대과일
- 핵과류
- 감귤류
- 채소
- 꽃
- 향신료

부정적
- 연기냄새
- 풀냄새
- 나무냄새
- 탄내

특징: 블랙커런트, 헤이즐넛

맛

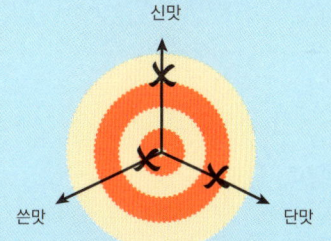

보디
1 —— X(2.5) —— 3 —— 4 —— 5

깔끔함(클린컵)
1 —— 2 —— 3 —— X(3.5) —— 5

밸런스
1 —— X(2) —— 3 —— 4 —— 5

여운
1 —— 2 —— 3 —— X(4) —— 5

향미와 종합적인 느낌

- 강렬한 에스프레소.
- 신선함과 개성이 느껴지는 산뜻한 신맛.
- 풍부한 크림.
- 기분 좋은 여운이 오래 지속된다.
- 밸런스가 조금 부족.
- 혀가 즐겁고 매력적인 커피.

에스프레소머신

종류

가정용 에스프레소머신

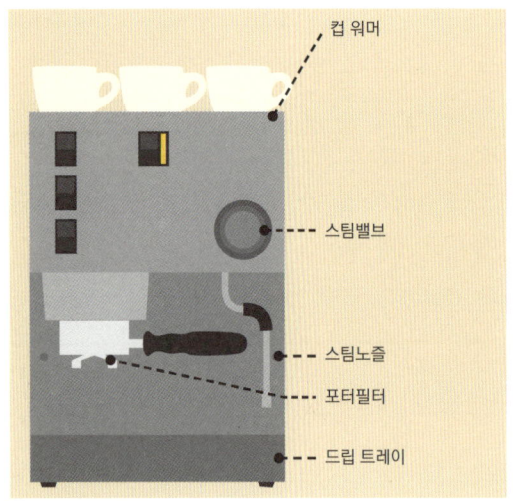

전문가용 에스프레소머신

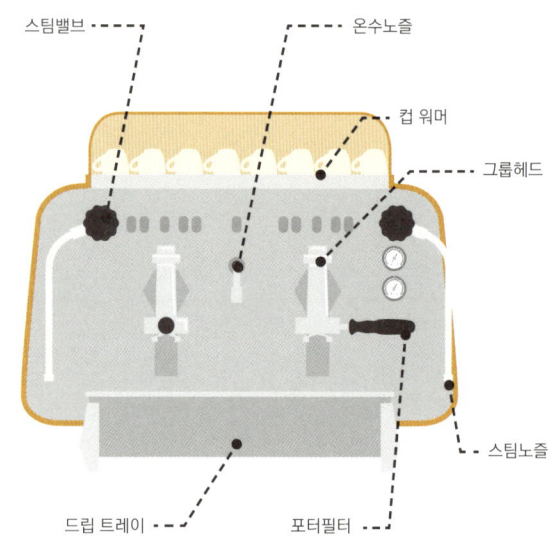

에스프레소머신에서 소리가 난다

가정용 에스프레소머신은 피스톤의 진동에 의해 움직이기 때문에 상당한 진동과 떨림이 있다. 그러나 장점도 많은데, 가격이 저렴하고 크기가 콤팩트한 덕분에 대중화될 수 있었다.

포터필터와 필터바스켓

풍성한 크레마를 만드는 특별한 필터

일반 가정용 에스프레소머신은 추출구에 클래식 바스켓 대신에 구멍이 1개만 있는 바스켓이 있다. 이 바스켓은 그라인더를 살 필요가 없고, 이상적인 압력을 가해 완벽한 크레마를 만들기 위해 커피가루의 굵기를 세심하게 조정하지 않아도 된다.

이 바스켓 덕분에 실제 커피 추출속도를 방해하는 인위적인 압력이 가해져서 분쇄 굵기와 상관없이 어떤 굵기의 커피를 사용하더라도 제법 거품이 있는 에스프레소를 만든다. 그러나 진정한 커피마니아들을 만족시키기에는 부족한 맛이다.

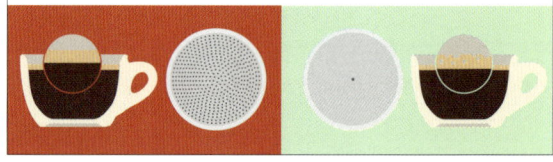

모델

가장 널리 보급되어 있으며, 인젝션(injection) 머신이라고도 한다. 1961년 카를로 에르네스토 발렌테(Carlo Ernesto Valente)가 고안한 E61(E는 Eclipse의 이니셜. 1961년은 개기일식이 있던 해다)은 40여 년 동안 에스프레소머신의 표준이 되었던 파에마(FAEMA®) 제품이다.

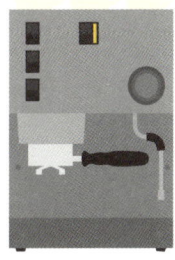

피스톤 머신은 전동펌프머신의 원조로 이탈리아 남부에서 여전히 사용되고 있다.

전통적 머신

원리 전동펌프가 압력을 가해 물을 통과시켜 추출한다.

 용도 전문가용 또는 가정용

 장점 다기능, 좋은 품질의 커피

 단점 좋은 커피를 얻기 위해서는 에스프레소 추출에 대한 이해가 필요하다.

피스톤 머신

원리 압력을 만들기 위해 자전거펌프의 원리를 이용한다. 바리스타가 누르는 레버의 힘이 (스프링이 있거나 없는) 피스톤에 전달된다.

 용도 전문가용 또는 가정용

 장점 디자인성이 높고, 맛있는 리스트레토를 만들 수 있으며, 전동펌프가 아니라 조용하고, 수동이라 팔 근육 발달.

 단점 비실용적, 에스프레소 룽고에는 적합하지 않다.

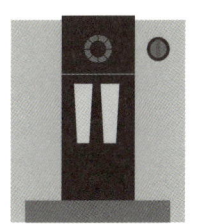

전통적 머신과 캡슐머신의 중간 형태로 커피 선택의 자유가 없다.

에스프레소를 손쉽게 빨리 일정하게 만들기를 원하는 사람들을 위해 고안된 모델. 레스토랑 경영자들이 관심을 많이 갖는다.

전자동 머신

원리 그라인더가 달려 있다. 에스프레소에서 아메리카노까지 프로그램이 다양하게 설정되어 있어 원하는 버튼을 누르기만 하면 된다.

 용도 가정용

 장점 사용하기 쉽다(어떤 메뉴는 매우 복잡할 수도 있다). 갈지 않은 통원두 사용 가능.

 단점 완벽하지 않은 커피 품질(보디감 부족, 완전히 드러나지 않은 향 등), 전통적 머신보다 인정되지 않은 추출, 비싼 가격.

캡슐머신

원리 커피를 미리 배합해서 담아놓은 캡슐을 머신에 넣고, 정해진 프로그램에 따라 커피를 추출한다.

 용도 가정용

 장점 쉬운 사용법, 반복 추출, 저렴한 가격.

 단점 한정된 커피 종류, 1잔당 높은 단가, 평범한 커피맛, 커피 양 외에는 바리스타가 어떤 것도 조절할 수 없다. 반환경적.

에스프레소머신 선택

다양한 형태의 에스프레소머신이 있고 공급이 많은 만큼 고르기가 어렵다.
에스프레소머신의 선택은 먼저 하루에 준비해야 할 커피 양에 달려 있다.
다음을 보면 좀 더 확실히 알 수 있을 것이다.

베이커리부터 대형 레스토랑의 경우

에스프레소머신의 그룹헤드는 포터필터와 맞물리는 부분이다. 여기에서 보일러와 포터필터가 연결된다.
그룹헤드의 개수는 준비할 커피 판매량에 따라 선택한다. 가정용은 그룹헤드가 하나만 필요하다면,
전문가용은 크기와 주문량에 따라 그룹헤드를 4개까지 선택할 수 있다.

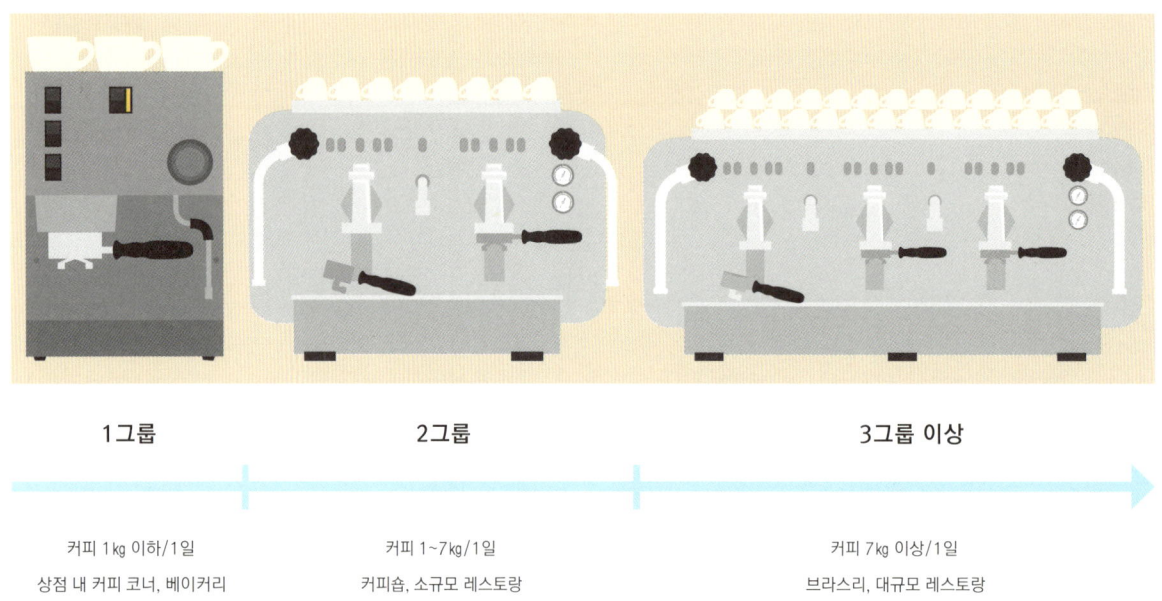

1그룹	2그룹	3그룹 이상
커피 1kg 이하/1일	커피 1~7kg/1일	커피 7kg 이상/1일
상점 내 커피 코너, 베이커리	커피숍, 소규모 레스토랑	브라스리, 대규모 레스토랑

선택을 망설이는 사람들을 위한 '프로슈머' 모델

'전문가용' 머신은 하루 종일 지속적으로 가해지는 강한 힘을 견딜 수 있도록 가장 신뢰할 수 있는 내구성 있는 부품들로 만든다. 2000년대 초, 집에 고성능 에스프레소머신을 갖고 싶어 하는 사람들이 '1그룹'의 전문가용 머신을 갖추기 시작하였다. 제조사들이 이런 새로운 요구에 부응하여 가정에서 사용할 준전문가용의 '프로슈머(prosumer, professional+consumer의 줄임말)' 머신을 개발하였다. 이것은 전문가용 기술과 부품을 결합하여 만든 뛰어난 소형 가정용 에스프레소머신이다.

자신에게 맞는 머신 선택

바네사_ 라테아트 마니아

바네사는 집에서 라테아트를 만드는 커피마니아이다. 그래서 열교환기를 갖춘 준전문가용(프로슈머) 1그룹 머신을 구입하였다. 이 머신은 스팀을 계속 만들어내기 때문에 라테아트를 할 카푸치노를 연달아 만들 수 있다.

조셉_ 테루아 팬

조셉은 전 세계 수많은 테루아에서 생산되는 커피의 엄청난 다양성에 매혹되었다. 보일러가 하나인 그의 머신은 성능이 꽤 뛰어나서 최상의 크뤼들이 가진 복잡한 향과 뉘앙스를 모두 충분히 끌어낼 수 있다. 머신에 스팀 기능이 없어도 그에게는 문제가 되지 않는다. 유제품 음료를 좋아하지 않아 초대한 손님들을 위해 가끔씩만 만들기 때문이다.

비탈리_ 런던의 바리스타

비탈리는 스페셜티커피를 파는 런던의 커피숍에서 2그룹 에스프레소머신을 사용한다. 머신은 많은 양의 영국식 유제품 음료 주문을 감당할 수 있을 만큼 증기압이 상당하고 온도가 안정적이며 정확해야 한다.

폴린느와 동료들

폴린느는 사무실용으로 전자동 머신을 구입하였다. 이것은 매우 사용하기 쉽고, 10여 명이 하루 종일 사용할 수 있으며, 각자에게 맞는 추출방식을 선택할 수 있어 적합하다. 내장 그라인더가 있어서 커피원두를 사용하므로 친환경적이다(캡슐을 살 필요가 없다). 가격이 비싼 것도 회사가 사주기 때문에 크게 문제가 안 된다.

이자벨_ 별장에 설치

이자벨은 시골의 별장 주방에 에스프레소머신을 설치하려고 하는데, 별장을 1년에 몇 주만 이용하기 때문에 결국 캡슐머신을 선택하였다. 이것은 처음 구입가격이 비싸지 않으며, 커피(캡슐)를 사용량과 정확하게 맞출 수 있다. 사용법이 쉽고 빠른 커피 추출이 가능하므로 잠시 생활하는 경우가 많은 집에 잘 어울린다.

에스프레소머신 관리

깨끗한 머신이 맛있는 에스프레소를 만든다. 머신을 깨끗이 청소하는 방법을 알아보자.

1 몸체

어떻게 세제를 조금 바른 수세미로 얼룩 지우기 + 따뜻한 물에 적신 극세사 헝겊으로 스테인리스에 광내기 + 완벽한 마무리를 위해 극세사 헝겊으로 마른 행주질.

2 스팀파이프와 노즐

왜 우유 찌꺼기가 스팀노즐 표면과 파이프 안에 남아 있다.

어떻게 스팀파이프를 분해해 필터바스켓과 포터필터 클리너에 담그고, 긴 솔로 스팀노즐을 문질러 닦는다. 분해할 수 없는 파이프 또는 분해하지 않는 경우에는 피처에 클리너를 희석시켜서 파이프를 담그고, 스팀밸브를 계속해서 7번 열었다 닫았다 한다. 스팀이 클리너를 데우고, 멈추는 순간 스팀노즐이 클리너를 빨아들인다. 클리너 없이 같은 방법으로 헹군다.

얼마나 자주 매주

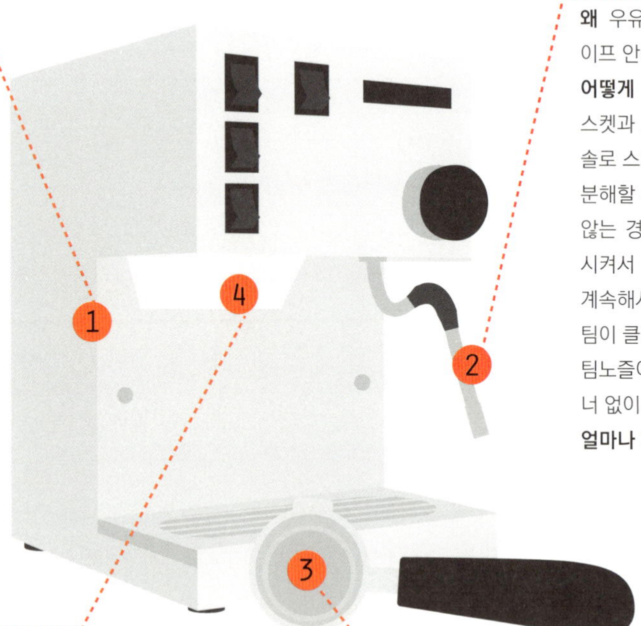

4 그룹헤드

왜 그룹의 샤워와 포터필터 연결 부분은 커피가루를 담아 최종적으로 추출이 이루어진다.

어떻게 포터필터 없이 추출하고, 샤워와 연결 부분을 전용솔로 닦는다. 뜨거우므로 주의한다.

얼마나 자주 매일

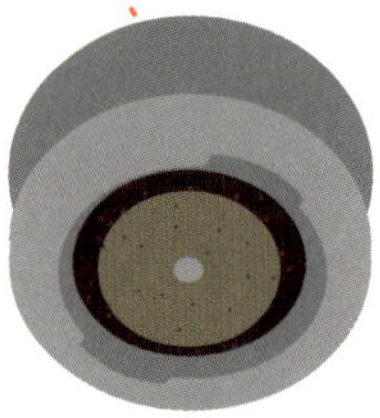

아래에서 본 그룹헤드

3 포터필터와 필터바스켓

어떻게
빠른 세척_ 세제를 묻힌 수세미 사용.
분해 세척_ 역류세척용 클리너를 푼 온수(최소 70℃)에 바스켓과 포터필터를 30분 담가둔다.

얼마나 자주
빠른 세척_ 하루에 여러 번
분해 세척_ 매주

압력저하시스템을 갖춘 에스프레소머신의 역류세척(백브러싱)

왜 커피추출 직후 그룹에서 포터필터를 분리할 수 있다. 하지만 커피가루가 그룹헤드의 안쪽으로 올라가서 내부 회로를 더럽히기 때문에 역한 맛이 난다.

어떻게 전용 클리너로 역류세척한다. 방법은, 먼저 포터필터 안에 구멍이 없는 블라인드 바스켓을 끼우고, 일정량(3~9g)의 클리너를 넣는다. 포터필터를 그룹헤드에 결합하고 5회(작동 5초, 정지 15초) 작동시킨다. 포터필터를 분리하고, 클리너를 제거하기 위해 추출버튼을 눌러서 물을 내려 블라인드 바스켓을 세척한다. 이 과정을 클리너 없이 반복하여 내부회로를 씻어낸다. 청소 후 첫 번째 커피는 마시지 않는다.

얼마나 자주 가정용 머신은 일주일에 한 번, 전문가용 머신은 영업이 끝난 후 저녁마다 청소한다.

포터필터에 담겨 있는 클리너

에스프레소머신 작동원리

에스프레소머신의 작동원리는 종류에 상관없이 모두 같다. 대개 전열선이 장착된 보일러로 물을 뜨겁게 데우고, 펌프로 압력을 가해 물을 커피가루로 보낸다.

온도 92℃ + 압력 9기압 = 좋은 향과 맛을 가진 커피 추출

온도를 92℃로 유지하는 것이 중요하다(p.54~55 참조).

기술적으로 압력을 일정하게 유지하는 것은 쉽지만 온도는 다르다. 커피 한 잔을 추출하는 동안 온도를 안정적으로 유지하기 어려울 뿐만 아니라 에스프레소를 연속 추출하는 동안에도 마찬가지다. 온도 변화는 결국 불규칙한 커피맛으로 나타난다.

높은 압력 = 좋은 커피?

에스프레소머신 제작사 중에 압력을 18기압까지 올리면 추출되는 커피의 품질이 좋아진다고 말하는 곳이 있는데, 에스프레소 최상의 압력은 8~10기압이다. 압력이 10기압 이상이면 커피를 과다추출하여 쓴맛이 날 수 있으므로, 전문가용 머신을 설치할 때는 9기압으로 맞춰놓는다. 믿을만한 가정용 머신은 너무 강한 펌프의 힘을 줄이기 위해 압력제한장치가 있다. 현혹되지 않도록 주의한다!

압력이란

압력은 표면에 작용하는 힘이다. 압력의 단위는 바(bar)이고, 이는 1㎠ 면적에 1kg의 무게가 가해지는 압력이다. 우리 일상에는 여러 가지 압력이 존재한다. 우리를 둘러싸고 있는 공기에 의한 기압(약 1기압), 수심 10m마다 1기압이 상승하는 수압, 자동차 타이어의 공기압(2기압), 상수도압(3기압) 등.

온도를 안정적으로 유지하는 방법

에스프레소머신에는 물을 데우기 위한 보일러가 있다.
보일러는 물의 온도를 높이는 장치로 제품에 따라 그 용량이 각기 다르다.
가열은 대부분 전기방식이지만
(가스방식은 전기가 충분하지 않거나 안정되지 않은 나라에서 사용하는 경우가 많다),
커피추출용 온수와 우유용 스팀을 동시에 얻기 위한 기술은 다양하다.

열교환식(HX, Heat Exchange)
1961년 파에마(FAEMA®)의 E61에 도입한 방식으로 중탕의 원리다. 2ℓ 이상의 물을 130℃까지 가열하는 싱글 보일러가 스팀을 공급하면서 동시에 물에 잠긴 관모양의 소형 열교환기를 가열하는 역할까지 한다. 열교환기는 물탱크나 상수도에서 온 냉수를 커피 추출에 알맞은 온도까지 올린다.

싱글 보일러
시스템은 아주 간단하다. 보일러가 에스프레소에 알맞은 온도인 92℃를 만드는데, '스팀 모드'로 바꾸면 카푸치노의 우유거품을 올릴 수 있도록 온도를 약 50℃ 올린다.

듀얼 보일러
1970년 라마르조코(La Marzocco®)가 개발한 가장 성능이 좋은 머신이다. 보일러가 2개로 하나는 커피 추출에, 다른 보일러 하나는 스팀 전용으로 사용한다.

서모블록 에스프레소머신

서모블록(thermo block)은 전열선이 있는 나선형의 소형관으로, 물이 이곳을 지나면서 순간적으로 데워진다. 이 방법은 가열시간을 최대한 단축시킨다는 이점이 있다. 보일러식 에스프레소머신이 예열에 최소 30분이 필요한 반면, 이 머신은 2~3분이면 사용할 수 있다. 하지만 열의 안정성이 떨어져서 초보자를 위한 가정용 머신과 캡슐머신에만 국한되어 사용하므로 추천하지 않는다.

에스프레소머신 비교

	싱글 보일러	열교환식 보일러	듀얼 보일러
용도	가정용	대부분의 프로슈머용과 전문가용	가장 성능이 뛰어난 전문가용과 프로슈머용
장점 ➕	잘 계획하여 이용하면 기술적 문제를 해결하여 안정적인 온도로 효율적으로 커피를 추출할 수 있다.	• 커피 추출과 우유 스팀이 동시에 가능 • 커피 추출할 물을 1잔씩 계속 새로 공급한다.	듀얼 보일러이기 때문에 스팀 압력과 추출온도를 아무런 제약 없이 동시에 얻을 수 있다.
단점 ➖	• 에스프레소를 추출하면서 동시에 스팀을 만들 수 없다. • 스팀을 얻으려면 몇 분 동안 기다려야 하고, 계속해서 커피를 추출하려면 온도를 낮출 시간이 필요하다.	• 그룹헤드로 나오는 온수의 온도가 다를 수 있다. • 추출온도가 보일러 스팀온도의 영향을 받는다.	보일러, 전열선 등 구성 부품이 많아 가격이 2배가 된다.
주의 사항	보일러는 알루미늄보다 황동으로 된 것이 좋으며, 최고 성능을 발휘하기 위해서는 최소 용량이 300㎖ 이상 되어야 한다(최상의 열 안정성)	열교환기의 용량이 적기 때문에 석회가 남기 쉽다.	보일러 물이 열교환기만큼 자주 교체되지 않지만, 수돗물과 정수기 물이 개선되면서 더 이상 위생상의 문제는 일어나지 않는다.

디지털 온도조절장치

이 기술은 스페셜티커피의 선구자이며 시애틀의 에스프레소 비바체(Espresso Vivace) 설립자인 미국인 데이비드 쇼머(David Schomer)가 추진하고, 2005년 라마르조코가 상용화하였다. 이들은 함께 에스프레소머신 보일러의 PID(Proportional, Integral, Derivative) 이른바 전자온도제어방식을 개발하였다. 이 시스템은 디지털 액정 덕분에 추출온도를 일정하게 유지하고 적절히 조절할 수 있다. 프로슈머와 전문가용 머신에 이 기술이 점차 더 많이 사용되고 있다.

바리스타 작업

바리스타는 하루에도 여러 번 다음과 같은 작업들을 반복한다.
이것이 하루 일과다.

에스프레소머신을 예약한다

일부 머신에 시동시간을 예약하는 기능이 있다. 다행히 가족들이 일어나기 전에 머신을 예약하기 위해 먼저 일어날 필요 없이 예약시간에 맞춰 머신을 시동하는 소규모 자동실행 시스템이 전원과 직접 연결되어 있다.
전문가용 머신은 예열하는 시간이 오래 걸리기 때문에 계속 켜두는 것이 더 친환경적이다. 또 밤에 온도를 조금 낮춰두는 친환경적이며 경제적인 기능의 머신도 있다.

① 예열시간

에스프레소머신은 모든 부품이 내부까지 데워져야 한다. 가정용은 30분, 전문가용은 1시간을 예열하는데 표시등을 믿지 않는다. 표시등은 물온도를 보여주는 것이지 머신의 온도가 아니다.
주의 머신과 함께 데워지도록 포터필터를 그룹헤드에 결합하고, 커피잔들도 컵 워머에 올려놓는다.

② 도징과 탬핑

Ⓐ 행주로 미리 깨끗이 닦은 포터필터의 바스켓에 그라인더에서 금방 간 신선한 커피가루를 나누어 담고, 누르지 말고 손가락이나 탬퍼를 이용해 고르게 펴거나 포터필터를 살짝 쳐서 커피 윗면을 고르게 만든다.

Ⓑ 아주 꼼꼼히 누르면서 가볍게 커피의 수평을 맞춘다. 팔을 가능하면 수직이 되게 유지하면서 약 15kg의 압력으로 아주 세게 누른다. 너무 단단하게 눌러서 커피가루에 금이 생기지 않도록 주의한다.

Ⓒ 탬퍼 자체의 무게로 탬퍼를 돌리면서 표면을 다듬는다.

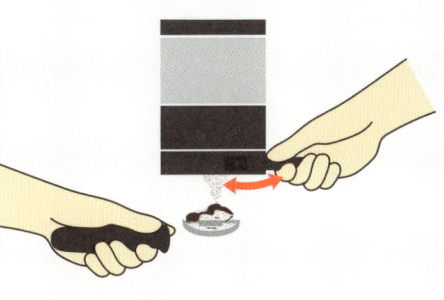

바리스타가 그라인더와 도저를 사용하는 방식

바리스타는 도저에 커피가루를 채워놓지 않는다. 왜냐하면 커피가루가 변질되기 때문이다. 그라인더를 단순히 분배기로 사용해서, 그라인더로 필요한 만큼만 원두를 갈면 레버를 힘차게 당겨 곧바로 포터필터에 커피가루를 모두 채워 넣는다.

탬퍼(tamper)는 바리스타에게 중요한 도구이다. 밑부분이 여러 가지 재질로 되어 있으며, 손잡이의 모양과 길이도 체형에 맞춰 다양하다. 탬퍼 밑부분의 지름은 필터바스켓 지름과 맞아야 하는데, 가장 널리 보급된 전문가용의 표준지름이 58㎜이다.

③ **열수 흘리기**

포터필터를 장착하기 전에 2~3초 동안 샤워 스크린(그룹헤드의 '샤워 필터')을 통해 물을 흘려서 샤워 스크린에 붙어 있는 이전 추출에서 생긴 커피찌꺼기를 씻어내고, 열교환기의 추출온도를 안정시킨다.

④ **추출**

포터필터를 그룹헤드에 결합하자마자 에스프레소를 추출해야 커피가루가 익는 것을 막을 수 있다. 또한 그룹헤드에 결합하기 전 포터필터의 가장자리에 붙어 있는 커피가루를 손바닥으로 밀어서 털어낸다.

⑤ **커피찌꺼기 버리기**

커피 쿠키를 찌꺼기통인 '넉 박스(knock box)'에 버리고, 필터에 남아 있는 찌꺼기는 전용 행주로 닦는다.

⑥ **시음**

추출한 에스프레소를 바로 마신다. 자, 이제 하루 일과를 시작한다.

에스프레소 농도

농도, 힘, 강도, 추출률. 이 말들의 관계를 정확히 이해하여 잘못 사용하는 일이 없도록 한다.

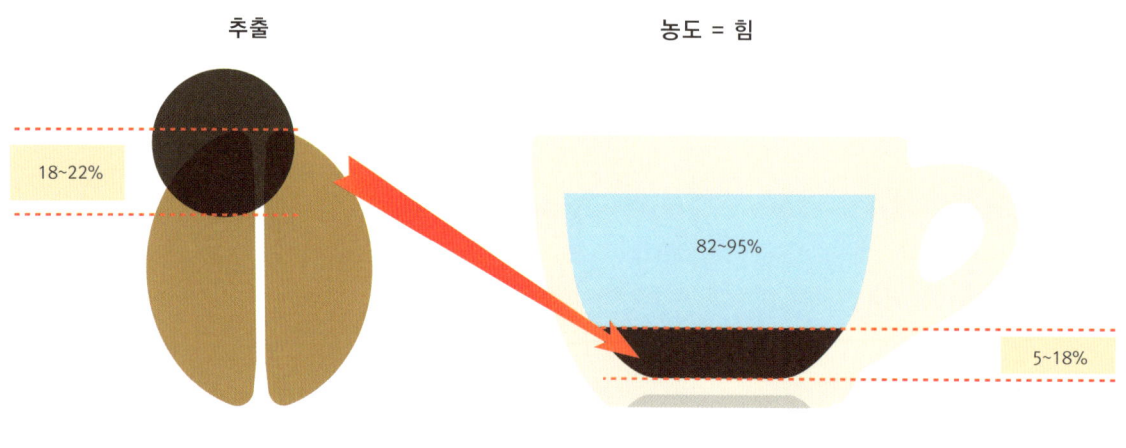

추출

18~22%

커피가루에서 용존고형물총량이
18~22%가 나오도록 추출한다.

농도 = 힘

82~95%

5~18%

커피가루의 추출물은 물에 녹아 있으며,
최종 음료의 5~18%를 구성한다.

추출률이 에스프레소의 밸런스를 결정한다

2가지 잘못된 추출

과소추출(추출률 < 18%)
↓
커피맛이 평이하고 신맛이 난다.

과다추출(추출률 > 22%)
↓
커피가 쓰고 떫다.

농도가 에스프레소 맛의 강도와 힘을 결정한다

TDS 5~8%
→ 룽고(LUNGO), 알롱제(ALLONGÉ)
희석한 에스프레소

TDS 8~12%
→ 일반 에스프레소

TDS 12~18%
→ 리스트레토(RISTRETTO)
매우 농축한 에스프레소

TDS

최종 음료 안에 함유된 물질의 농도를 TDS(Total Dissolved Solids) 즉 용존고형물총량이라 한다. 커피에 녹아 있는 고체의 총량으로, 커피의 기술적 측면에 관심을 가지면서 자주 보게 되는 전문용어다.

에스프레소 종류

에스프레소는 종류가 한 가지가 아니라 다양하다.
지역에 따라 개인 취향에 따라, 짧게 또는 길게 추출하는 양이 다르다.

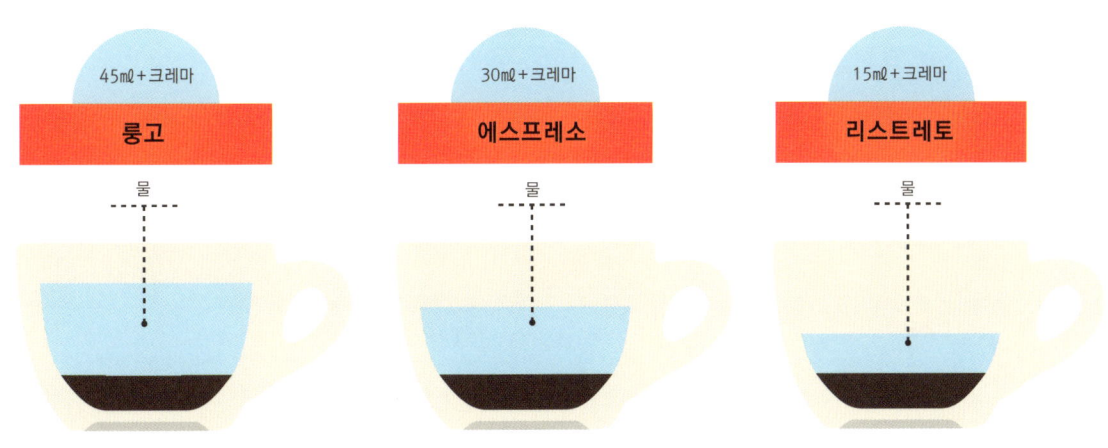

추출량이 적을수록 더 진하고 묵직하다.

롱 블랙(LONG BLACK)

과다추출 없이 룽고보다 가벼운 에스프레소를 좋아하는 사람을 위한 것이 롱 블랙이다. 이 커피는 오스트레일리아와 뉴질랜드에서 만들어진 것으로 뜨거운 물을 채운 잔에 에스프레소를 탄다. 이렇게 커피를 더 많이 희석하지만 여전히 밸런스를 유지하고 크레마가 있다.

아메리카노

아메리카노는 에스프레소를 추출하여 물을 넣고 양을 늘린 것이다. 롱 블랙보다 더 가벼우며 크레마가 사라진다. 2차 세계대전 당시 이탈리아에 주둔했던 미군들이 에스프레소에 뜨거운 물을 부어 양을 늘린 것에 아메리카노라는 이름이 생겼다.

수치로 살펴본 에스프레소

에스프레소 추출방법을 안다는 것과 에스프레소를 맛있게 만든다는 것은 다르다.
에스프레소를 제대로 추출하기 위해서는 지식과 경험이 필요하다.
에스프레소를 훌륭하게 추출하기 위해 여러 변수들을 조절하는 것을 조정이라 한다.

이론

피스톤 머신을 발명한 아킬레 가자(Achille Gaggia)가 1947년 이런 변수들의 값을 정하였는데, 처음에는 잔당 7g으로 평가되었던 커피가루의 양을 수정하여 늘렸다. 다른 값들은 70년 동안 계속 똑같다.

실제

전통적 머신으로 에스프레소를 추출할 때 변수를 조절하기 위해 항상 2잔용 바스켓을 사용한다. 1잔용 바스켓을 사용하는 경우에는 커피가루의 양을 반으로 나누며, 1잔당 추출량과 추출시간은 동일하다. 하지만 1잔용 포터필터로 만든 에스프레소는 항상 맛이 덜한데, 이는 머신의 그룹헤드가 2잔용 바스켓에 적합하게 설계되었기 때문이다.

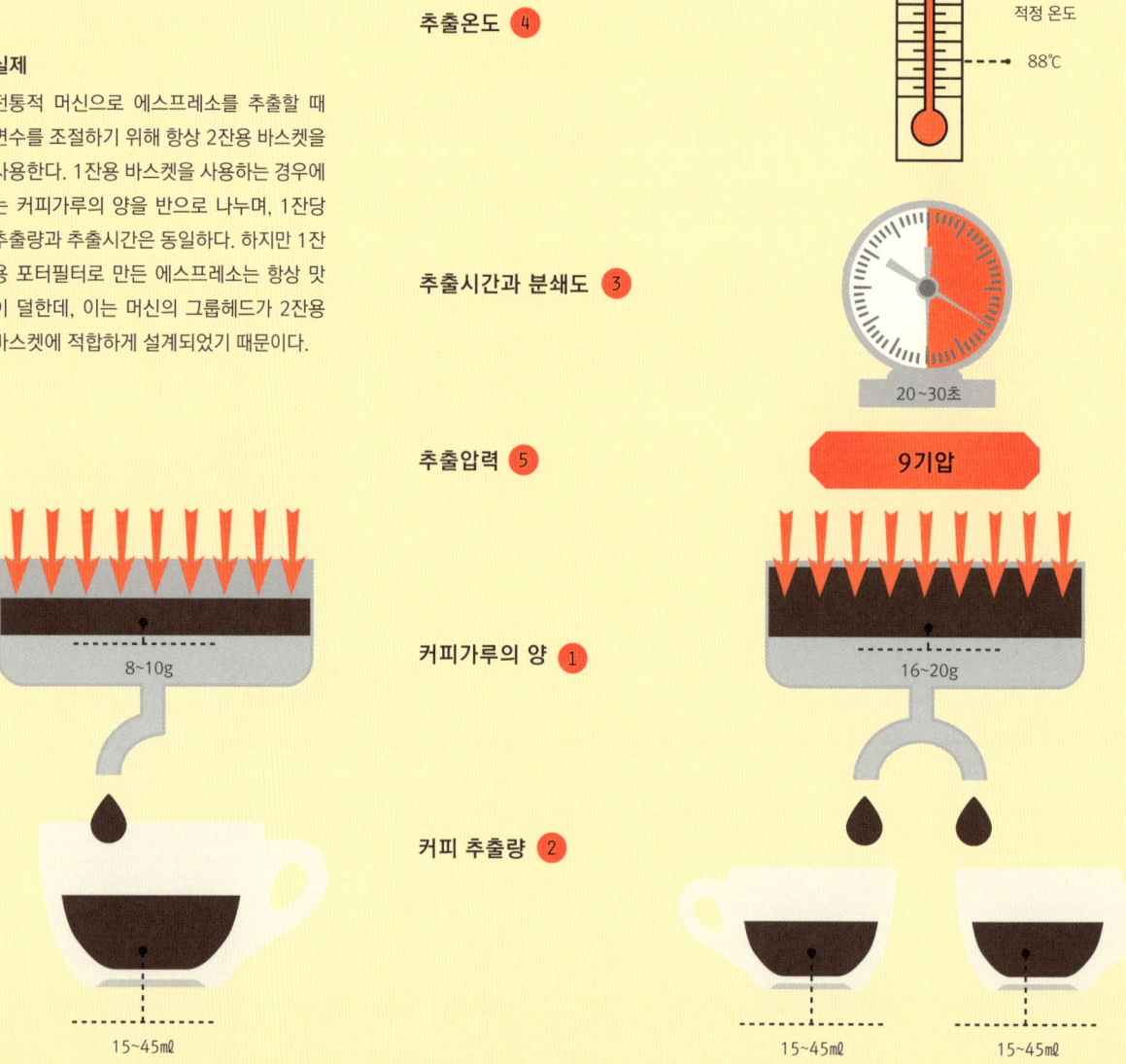

에스프레소에 영향을 주는 5가지 변수

- 추출온도 ④ — 96℃ 적정 온도 88℃
- 추출시간과 분쇄도 ③ — 20~30초
- 추출압력 ⑤ — 9기압
- 커피가루의 양 ① — 8~10g / 16~20g
- 커피 추출량 ② — 15~45㎖ / 15~45㎖

PRO'S TIP

1 커피가루의 양

커피가루의 양은 커피의 보디와 맛의 강도에 영향을 준다. 양을 줄이면 에스프레소가 싱거워진다. 아킬레 가자가 정한 표준용량은 처음에는 2잔용 바스켓에 14g이었지만 18g 내외로 조정되었다. 그러나 커피가루의 양은 원두의 특성(품종, 테루아, 로스팅 정도, 신선도 등)이나 원하는 커피 추출량에 따라 16~20g 사이에서 조절할 수 있다.

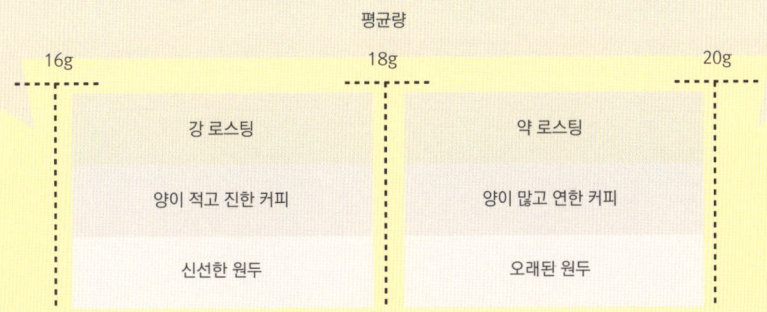

0.1g까지 정확하게

에스프레소는 작은 변화에도 민감한 커피 추출방법으로 커피가루의 양이 거의 0.1g까지 정확해야 한다. 1스푼의 양(7g)은 그다지 정확하지 않은데, 이는 원두의 분쇄도를 고려하지 않고 모든 커피원두의 밀도가 같지 않기 때문이다. 커피가루의 양을 재기 위해 저울을 사용하면 이러한 오류를 피할 수 있다. 도저가 없는 그라인더를 사용할 때 타이머 기능이 있다면 커피가루의 분배량을 프로그래밍할 수 있으나, 그보다 먼저 해야 할 일은 분쇄도를 조절하는 것이다.

2 커피 추출량

크레마의 두께가 항상 일정하지 않기 때문에 추출된 커피의 총부피를 정확하게 측정하기는 어렵다. 따라서 총량을 부피로 환산한다(1g = 크레마 포함 1.5㎖).

0.1g 단위까지 정확도를 지닌 소형저울이 좋다.

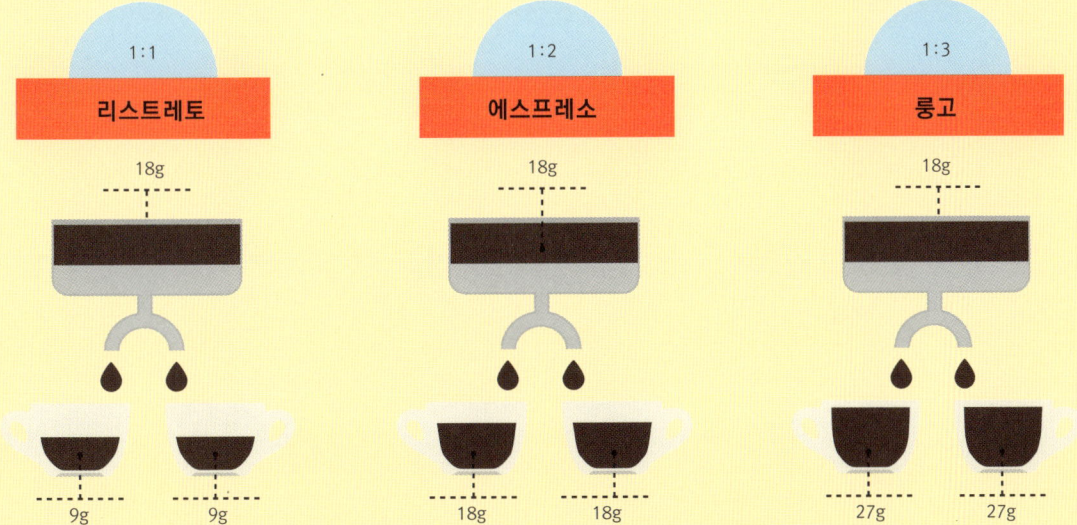

에스프레소 스타일의 따뜻한 커피. 추출된 커피 총량과 커피가루 양의 비율.

수치로 살펴본 에스프레소

③ 추출시간과 분쇄도

밸런스 좋은 에스프레소를 만드는 커피 추출시간은 20~30초이다. 추출버튼을 누르는 순간부터 시간을 재는데, 5~10초가 지나면 포터필터에서 첫 번째 방울이 나온다.

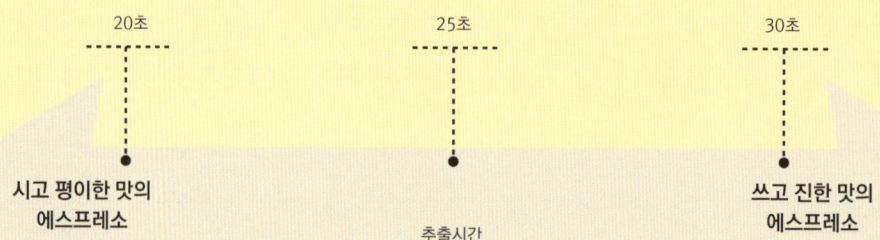

추출량은 다음 2가지의 영향을 받는다

- 커피가루의 굵기(분쇄도) — 그라인더의 분쇄도 조절
- 커피가루의 양(무게) — 저울로 계량

분쇄도 문제와 해결방법

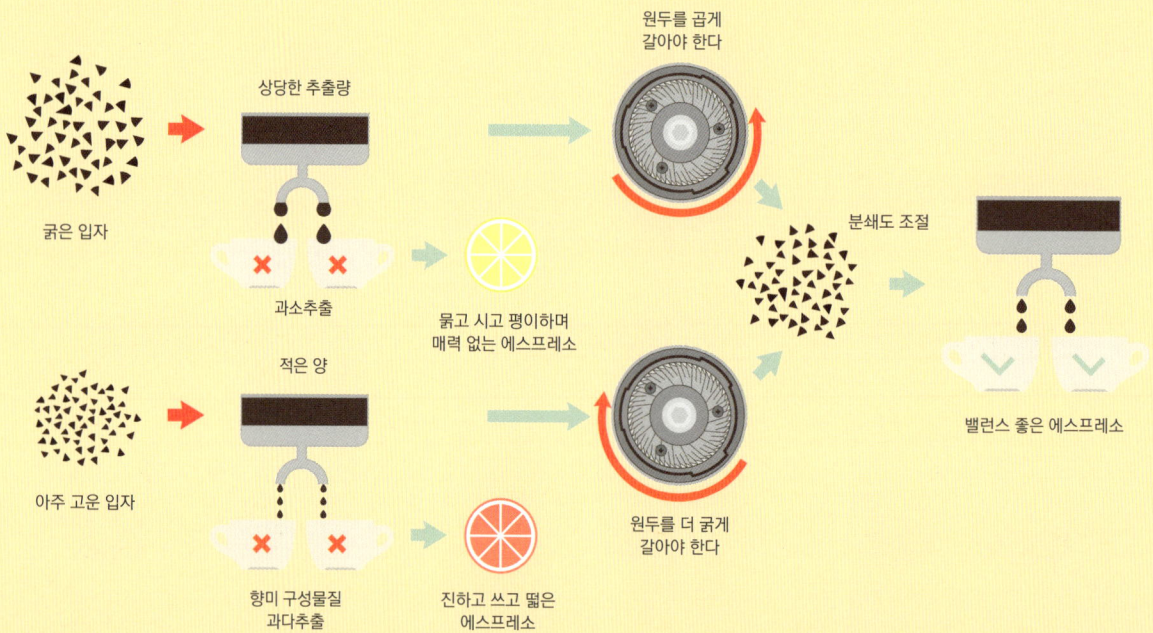

4 추출온도

온도 조절은 추출률, 신맛과 쓴맛의 밸런스에 영향을 준다.
알맞은 온도는 여러 변수에 따라 다르다.

- **원두 로스팅 정도** 높은 온도에서는 향미의 구성물질을 추출하고, 약하게 로스팅한 원두의 신맛을 우려내기가 쉽다. 낮은 온도는 아주 강하게 로스팅한 원두의 쓴맛을 완화시킨다.
- **원두의 밀도** 부르봉(Bourbon)처럼 밀도가 높은 품종은 높은 온도에서도 잘 견디는데, 이에 비해 파카마라(Pacamara)같이 밀도가 낮은 원두는 쉽게 타버릴 수 있다.
- **커피가루의 양** 추출수의 온도가 떨어지는 것은 커피가루의 양에 비례한다.
- **1잔 추출량** 커피를 통과하는 뜨거운 물이 많을수록 커피가 열에 손상될 위험이 크다.

온도의 안정성

머신의 온도가 안정적이지 않으면 여러 잔의 커피를 계속해서 동일하게 추출할 수 없다. 1990년대에는 이런 경우가 많았으나 최근에는 거의 없는데, 온도는 여전히 맛에 영향을 미치는 기본 변수이다. 아마추어 시음자도 온도차가 1℃도 안 되게 추출한 두 가지 에스프레소를 구별할 수 있다.

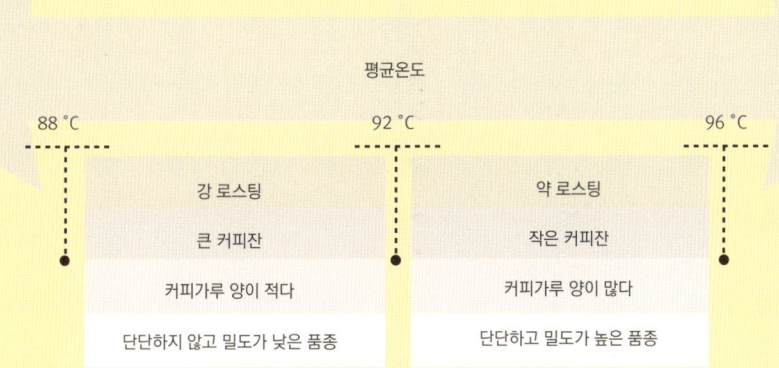

직접 만들어보고 경험해야 추출온도를 예측하고 적절하게 조절하는 데 도움이 된다.

바리스타 팁

좋은 커피를 만드는 방법
- 커피 포장지에 특별한 정보가 없으면 평균값을 기준으로 한다.
- 변수를 하나씩 조절하여 각각의 영향을 정확하게 확인한다.
- 변수를 조절한 후의 시음 결과를 기록한다. 결국 커피의 밸런스를 평가하는 것은 미각이다.

커피찌꺼기로 확인
커피찌꺼기를 버리고 바스켓 바닥에 남아 있는 카페올의 흔적은 추출률의 지표이자 다른 변수들을 조절하는 지표이고 커피 결과물이다.

평균값 정리

25초
18 g
18 g
18 g
92 ℃

과소추출 밸런스 좋은 과다추출

최후의 방법
변수를 조절해도 커피에 신맛이 나는 경우 모든 에스프레소머신에 동일하게 적용되는 팁이 있다. 머신에서 나오는 첫 번째 방울을 흘려버린다. 그러면 커피의 맛 밸런스가 조금 나아진다.

에스프레소 분포도

여러 변수가 추출률, 농도 그리고 추출된 커피에 미치는 영향을 시각적으로 보여준다.

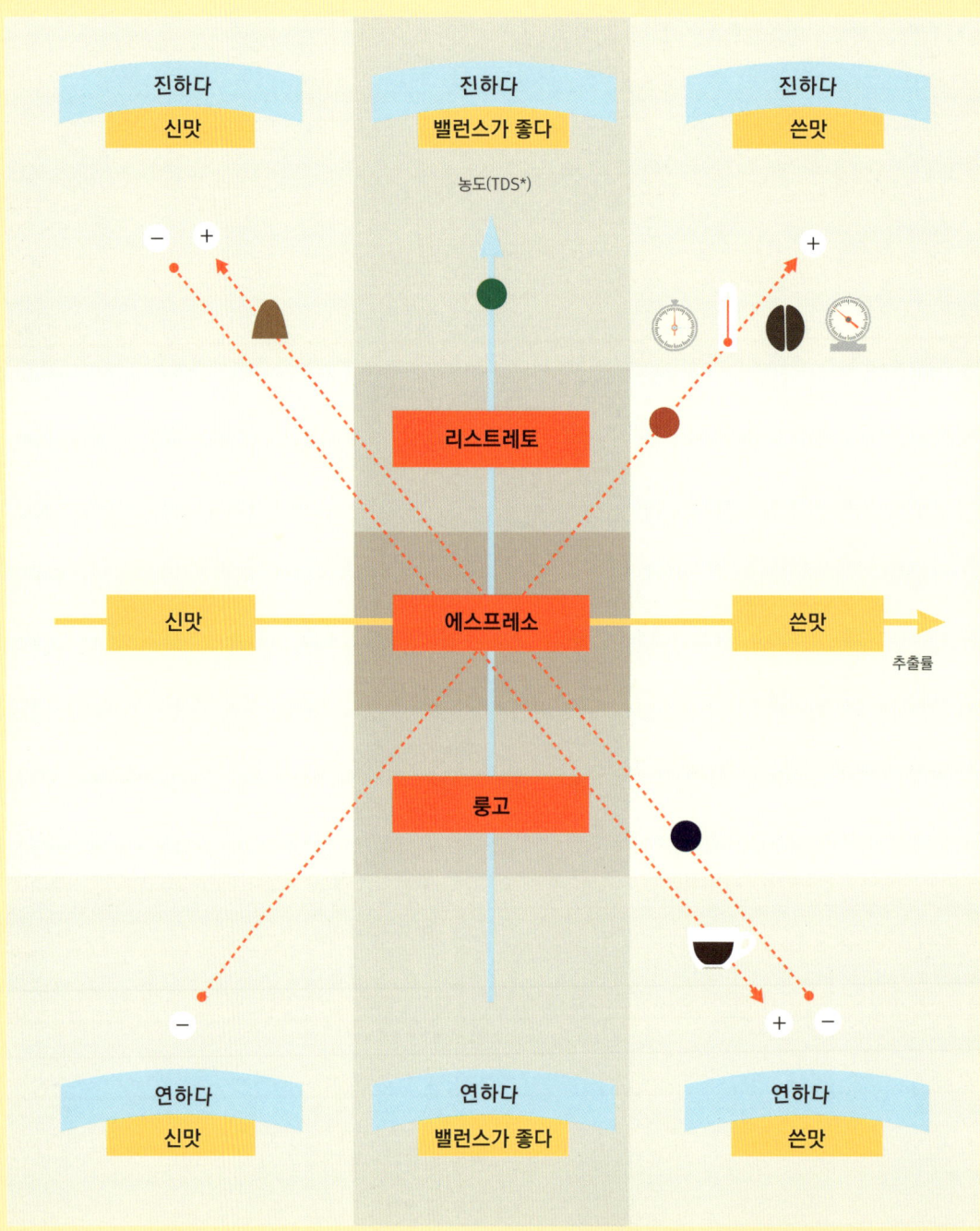

***TDS**(Total Dissolved Solids, 용존고형물총량)는 p.58 참조.

분포도 보는 법

- **수평축** 커피의 신맛과 쓴맛의 밸런스를 결정하는 추출률.
- **수직축** 농도. 연한 커피부터 진한 커피.
- **대각선** 다음과 같은 변수들.

 커피가루의 양

 커피 추출량(1잔 양)

 추출시간

 온도

 로스팅 정도

추출압력

커피가루의 양을 늘리면 TDS는 높아지지만 추출률은 낮아진다고 볼 수 있다. 반대로, 에스프레소를 길게 뽑아 커피 양을 늘리면 더 연한 커피(TDS가 더 낮음)가 되지만 더 쓴맛이 난다(추출률 상승). 바리스타가 다른 변수들을 증가시키면 커피는 진하고 쓴맛이 강해진다.

밸런스가 좋은 구역은 수직축을 중심으로 있다. 원하는 농도에 따라 에스프레소를 나타내는 점이 리스트레토, 에스프레소 또는 룽고 구역에 위치한다. 만약 에스프레소가 정확하게 조정되지 않으면 점들이 외곽의 여덟 개 구역이나 바깥쪽에 있게 된다. 바리스타는 에스프레소를 나타내는 점들이 '밸런스가 좋다' 구역으로 이동하도록 변수들을 조절한다.

사례

추출된 3가지 커피 사례들이 분포도 위에 3가지 색의 점으로 표시되어 있다. 변수들 가운데 하나를 조절하면 이 점이 해당 변수 축을 따라 이동한다.

변수 조절이 잘못된 커피

해결 추출시간을 줄여 에스프레소 구역으로 이동시킨다. 그리고 보다 농축된 진한 커피를 원한다면 커피 추출량을 줄여 리스트레토 구역으로 이동시킨다.

프랑스 식의 연하고 쓴 커피

해결 커피 추출량을 줄이고(보다 짧게 추출한 커피), 커피가루의 양을 늘린다. 그러면 점이 에스프레소 구역의 분포도 중앙으로 이동한다.

밸런스는 좋지만 너무 진한 커피

추출률은 정확하다.
해결 커피 추출량을 늘리고 추출시간을 줄여 추출률을 안정시킨다. 그러면 점이 리스트레토 구역으로 이동하고, 조절 수준에 따라서는 에스프레소 구역으로 이동할 수도 있다

에스프레소가 맛없는 이유

"몇 달 전 나는 집에서 맛있는 에스프레소를 만들기 위해 온갖 시도를 해보았다. 기계를 바꾸고, 커피를 바꾸고, 물도 바꿔보았다. 그래도 아무런 효과 없이 내 커피는 늘 그렇듯이 커피숍에서 마시는 진한 에스프레소와는 거리가 멀다." 여러분도 이런 실망을 해본 적 있는가? 맛없는 에스프레소는 결코 운명이 아니다. 원인을 분석하고 어떻게 해결하는지 알아보자.

커피에 문외한이라면 '맛없다'고 확실하게 말할 수는 있어도 맛없는 커피의 결점에 대해 말하기는 어렵다. 맛없는 에스프레소는 보디가 부족하고, 너무 쓰거나 시며, 거칠고, 향이 없거나 거의 없고, 끝에 뒷맛도 없다.

커피, 특히 에스프레소는 대충 만들 수 있는 음료가 아니다. 커피가루에 높은 압력의 뜨거운 물을 통과시켜서 순식간에 원두의 좋은 성분을 추출하지만, 그 결점도 두드러진다. 그러므로 추출된 커피에 영향을 주는 세부적인 요소 하나하나에 모두 신경을 써야 한다.

거의 사용하지 않고 관리도 하지 않고 조정도 되어 있지 않은 결함투성이 머신

에스프레소머신이 보편화되었으나 머신마다 모두 다르며 반드시 관리가 필요하다. 특히 내부 부품에 커피오일이 묻어 있지 않고, 관 속에 석회가 끼어 있지 않아야 한다.

에스프레소머신 관리는 p.52 참조.

차갑거나 부적합한 커피잔

용기가 미치는 영향에 대해서는 흔히 저평가되어 있다. 와인이나 증류주와 마찬가지로 잔의 모양, 크기, 온도, 재질이 커피의 맛과 향을 느끼는 데 중요한 역할을 한다.

커피잔 선택은 p.37 참조.

커피 그라인더의 부재

갈지 않은 통원두는 포장을 뜯고도 며칠 동안 품질이 유지되는 반면 커피가루는 몇 분 만에 향이 날아갈 수 있으며, 공기와 접촉하면 산패가 급속히 진행된다. 산패된 원두로는 결코 맛있는 커피를 만들수 없다. 그라인더, 더 정확히 말해서 맷돌형 그라인더는 에스프레소머신과 떼어놓고 생각할 수가 없다. 그라인더가 원두를 갈아서 신선하고 완벽한 굵기의 커피가루를 만들어야 사람들이 좋아하는 프티 누아르(petit noir, 에스프레소)를 만들 수 있기 때문이다.

알맞은 그라인더 선택은 p.28 참조.

관리하지 않거나 결함이 있는 그라인더

그라인더에 계속 반복해서 커피원두를 갈면 날과 분쇄실 안에 커피오일(카페올)이 쌓인다. 그리고 시간이 지나면 산패한 맛과 냄새가 신선한 커피가루를 오염시키고, 날을 손상시킨다. 따라서 그라인더를 정기적으로 관리하는 것은 에스프레소머신의 관리만큼이나 필수이다.

그라인더 관리는 p.31 참조.

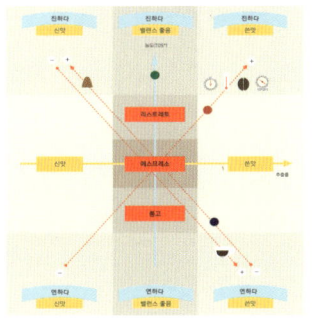

조절할 수 없는 추출 변수

고압으로 커피를 추출하려면 변수들을 매우 정교하고 정확하게 조정해야 한다. 그리고 가장 이상적인 자신만의 에스프레소를 만들기 위해 변수들을 정확하게 조정하는 것이 바로 바리스타의 기술인데, 여러 번의 시행착오와 경험을 해야 이러한 변수들을 조정할 수 있게 된다.

수치를 이용해 커피를 만드는 방법은 p.60~65 참조.

부적합한 로스팅

로스팅은 생두를 고온에서 굽는 것이다. 로스팅을 충분히 하지 않으면 에스프레소가 평이하고 신맛이 날 우려가 있다. 반대로 지나치게 많이 구우면 커피가 너무 쓰다.

로스팅의 문제점은 p.112 참조.

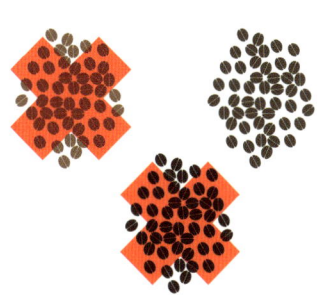

질 나쁜 원두

잘 관리되지 않고 특성이 없는 테루아에서 재배한 커피원두로는 결코 특별한 커피를 만들 수 없다. 잘 해야 밸런스 좋은 커피 정도이지 더 이상 기대할 수 없다. 좋은 원두를 찾고, 필요하면 조언을 구한다.

그랑크뤼를 찾는 방법은 p.121 참조.

로스팅한 지 오래되거나 금방 로스팅한 커피

로스팅한 원두는 밀봉해서 보관하면 몇 개월 동안 향과 맛을 유지한다. 그 이상 되면 산패한다. 금방 로스팅한 원두도 음료로 만들어 마시기에는 적합하지 않다. 로스팅 과정에 생긴 이산화탄소(CO_2)가 추출과정에 눈에 보이게 큰 기포들을 만들 수 있기 때문이다. 로스팅 후 적어도 1주일이 지나야 가스가 제거되어 가장 좋은 한 잔의 커피를 만들 수 있으며, 약간의 금속성 맛도 없어진다.

원두 보관방법은 p.122~123 참조.

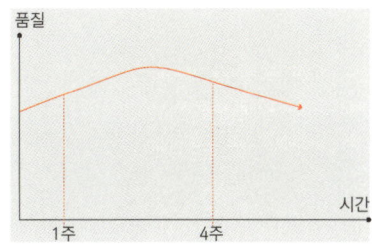

우유와 커피의 라테아트

커피에 우유를 넣는 부드러운 조합은 커피를 즐기는 또 다른 방식으로, 입뿐만 아니라 시각적으로도 큰 즐거움을 준다.

우유거품 만들기

유제품 음료를 만들기 위해서는 에스프레소머신의 스티머로 우유를 데우면서 공기를 넣어 거품을 균일하게 올린다.
거품은 촘촘하고 매끄러우며 눈으로 볼 수 없을 정도로 작은 기포로 이루어져야 한다.

지방 3.5%의 전지우유 또는 신선한 우유를 사용한다. 탈지우유와 저지방우유는 충분히 부드러운 거품을 만들지 못한다.

열전도성이 좋은 스테인리스 피처 사용
- 300㎖ 피처 = 카푸치노 1잔
- 600㎖ 피처 = 카푸치노 2잔

만드는 방법

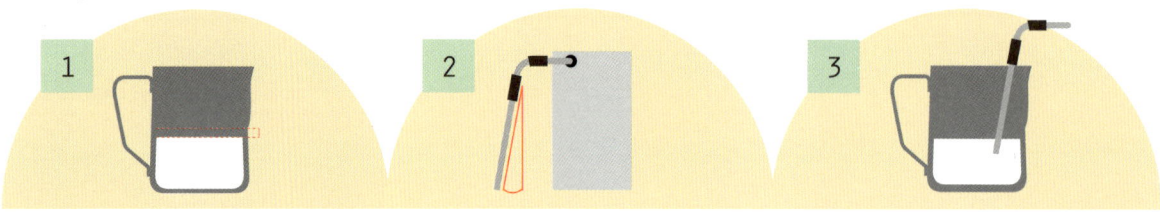

1 스팀피처의 크기와 상관없이 피처 절반이 되게 우유를 채운다(피처 주둥이 밑부분에서 약 1㎝ 아래까지).

2 스티머를 수직이 안 되게 조금 비스듬히 놓고, 스팀을 배출시킨다.

3 피처에 스티머를 집어넣는다. 노즐을 우유 표면의 바로 아래, 피처 가장자리와 중앙 사이에 넣는다. 한 손으로 피처 손잡이를 잡고, 다른 손으로 손잡이 반대쪽의 아랫부분을 잡아 피처를 고정한 상태로 온도를 확인한다.

4 1단계 스티머 노즐을 열어 우유에 공기를 집어넣는다. 특유의 '치직' 소리가 나며 우유의 부피가 커진다.
2단계 스티머 노즐을 좀 더 깊이 넣으면 '치직' 소리가 멈춘다. 이 단계에서 우유가 소용돌이치고 온도가 60~65℃로 올라가며 균일하게 거품이 만들어진다. 뜨거운 느낌이 들면 바로 멈춘다.

5 피처를 테이블 위에 탁탁 쳐서 큰 거품을 제거하고, 우유를 천천히 돌려서 윤기를 내고 표면이 광택이 나게 만든다. 질감이 생크림과 비슷하면 된다.

6 전용 행주로 스티머를 닦고, 노즐을 열어 남아 있는 우유를 배출시킨다.

잘못된 예

거품이 너무 두껍다 1단계에서 공기를 너무 많이 집어넣은 것이다.
거품이 뜨거운 우유 정도로 얕다 '치직' 소리가 나는 1단계에서 공기를 충분히 넣지 못한 것이다.

우유를 따르는 기본 방법(카푸치노)

미리 추출한 에스프레소에 거품 낸 우유를 붓기 위해서는 특별한 기술이 필요하다. 우유가 커피 속으로 들어갔다가 표면으로 떠올라야 한다. 그리고 마셨을 때 첫 번째로 우유가 아니라 커피맛이 느껴져야 한다.

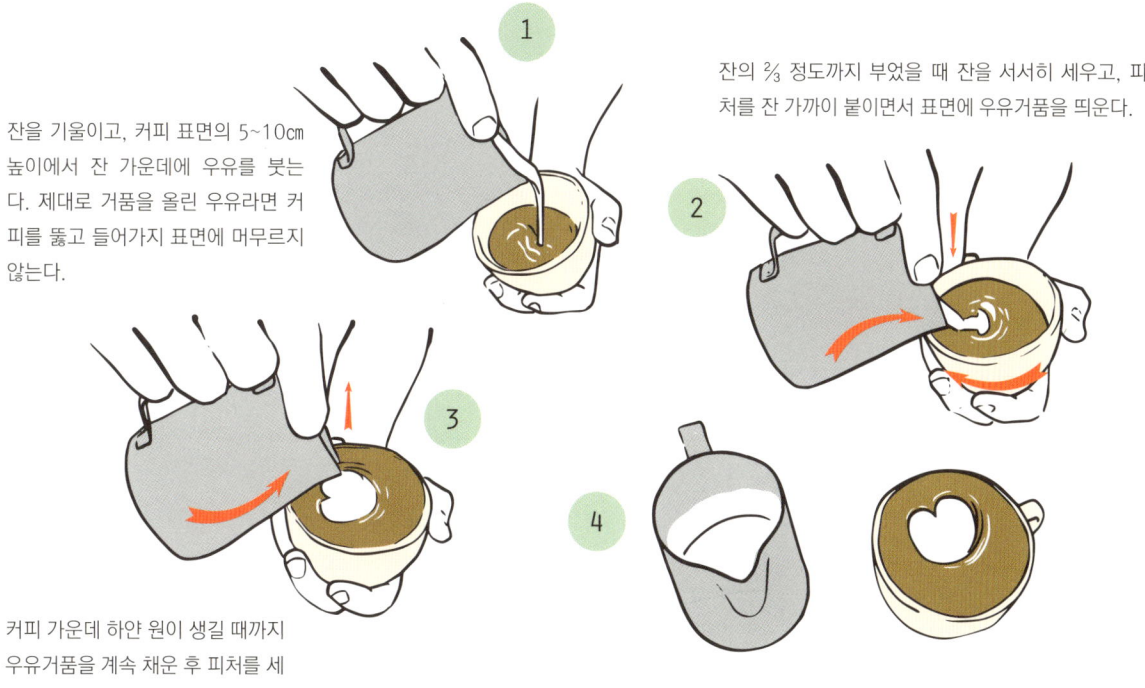

잔을 기울이고, 커피 표면의 5~10㎝ 높이에서 잔 가운데에 우유를 붓는다. 제대로 거품을 올린 우유라면 커피를 뚫고 들어가지 표면에 머무르지 않는다.

잔의 ⅔ 정도까지 부었을 때 잔을 서서히 세우고, 피처를 잔 가까이 붙이면서 표면에 우유거품을 띄운다.

커피 가운데 하얀 원이 생길 때까지 우유거품을 계속 채운 후 피처를 세워서 붓는 것을 멈춘다.

잘 만들어진 카푸치노는 우유 주위에 연속적으로 둥근 커피 줄무늬가 있어야 하며, 그래야 마실 때 커피맛을 먼저 느낄 수 있다. 우유를 부을 때 피처를 너무 늦게 잔 가까이에 대서 기울이면 우유거품의 원이 작아지고, 너무 빠르면 커진다.

잘 만든 거품

스푼 뒷면을 이용해 거품의 부피를 확인한다. 거품의 두께가 최소 1㎝는 되어야 탄력 있고 부드럽다.

하트

하트모양은 카푸치노의 변형 가운데 하나로 비교적 만들기 쉬운 클래식 카푸치노이다.

원을 그리면서 기본 방법으로 우유를 부어 가운데에 우유거품의 하얀 원이 생길 때까지 잔을 가득 채운다.

우유가 잔에 채워지면 기울인 피처를 들어 올리면서 가느다란 우유 줄기로 우유거품을 가로질러 하트모양을 만든다.

하트에 결 무늬를 만들 수도 있는데, 방법은 우유로 원을 만들 때 피처를 좌우로 흔든다.

튤 립

튤립모양은 우유거품을 여러 번 나누어 붓기 때문에 약간의 손재주가 필요하다.

1. 하트를 만들 때처럼(기본 방법+원운동) 우유를 붓는데, 우유거품 자국을 '밀어내면서' 따른다.
2. 손목으로 피처를 세워 우유 붓는 것을 멈춘다.
3. 우유거품 자국을 다른 자국으로 밀어내면서 여러 번 우유를 붓는다.
4. 이때 매번 손목을 움직여서 피처를 세워 우유 붓는 것을 멈춘다.
5. 마지막으로 우유거품 자국을 밀지 않으면서 우유거품으로 원 2개를 만든 후, 이것을 가로질러 따르면 튤립이 완성된다.
6. 기울인 피처를 조심스럽게 다시 세운다.

나뭇잎

나뭇잎은 가장 만들기 어려운 기본 모양이다.
이 모양은 완벽한 우유거품과 요령 그리고 몇 시간의 연습이 필요하다.

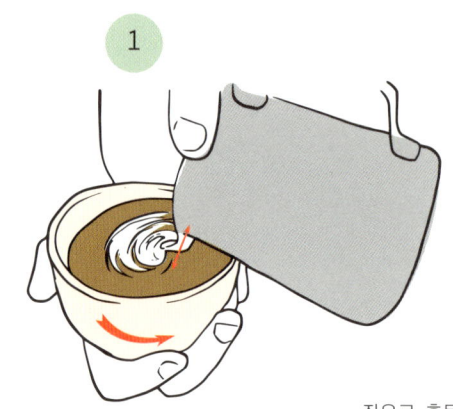

하트를 만들 때처럼(기본 방법+원운동) 우유를 따른다. 피처를 잔에 붙여서 따르고, 흰 우유거품 자국이 나타나면 잔을 서서히 세우면서 피처를 좌우로 큰 폭으로 흔든다. 그러면 자연스럽게 나뭇잎 결이 만들어진다.

좌우로 흔들면서 피처를 뒤로 빼서
나뭇잎 윗부분을 그린다.

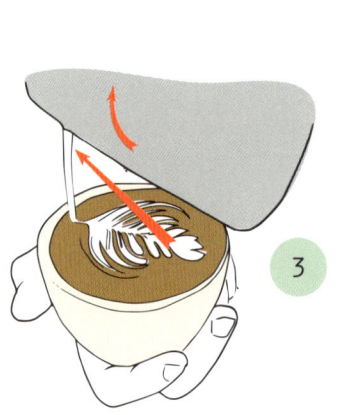

나뭇잎 윗부분에서 잠깐 멈춰 작은 하트를 만들고,
피처를 세우면서 나뭇잎모양을 가로지른다.

카푸치노와 응용

카푸치노는 가장 대표적인 유제품 커피음료로 지금과 같은 카푸치노 모양은 이탈리아에서 시작되었다. 질감은 매끄러우며, 가장 복합적인 커피향을 단순하고 쉽게 접할 수 있는 맛(캐러멜, 초콜릿 등)으로 바꾸어 즐기는 타입이다.

카푸치노라는 이름은 1683년 비엔나전투 동안 카푸치노의 창시자인 성 프란치스코파 수도사 마르코 다비아노(Marco d'Aviano)의 옷 색깔에서 유래한다.

초콜릿과 함께? 또는 초콜릿 없이?

전통적으로 카푸치노는 다른 것을 첨가하지 않고 커피와 우유만으로 만든다. 그러나 초콜릿 부스러기나 카카오가루로 장식할 수도 있는데, 카푸치노에 라테아트를 만들려면 우유거품을 붓기 전 에스프레소에 카카오가루를 뿌린다.

1. 150~180㎖ 잔에 에스프레소 싱글샷(15~45㎖)을 내린다.
2. 300㎖ 피처에 우유 150㎖의 거품을 낸다.
3. 에스프레소에 거품 올린 우유를 붓는다.

플랫화이트(FLAT WHITE)

오스트레일리아와 뉴질랜드에서 전해진 플랫화이트는 보다 섬세한 우유거품으로 만드는 카푸치노이다. 전통적으로 에스프레소 2샷으로 만들기 때문에 커피의 풍미가 더 강하다.

베이비치노(BABYCCINO)

베이비치노는 어린이를 위한 음료로, 커피를 넣지 않고 우유와 우유거품으로만 만든다. 1990년대 오스트레일리아와 뉴질랜드의 커피숍에서 어린이와 함께 오는 고객들을 위해 만들었다.

180㎖ 잔

200㎖ 유리컵

1. 180㎖ 잔에 에스프레소 2샷을 내린다.
2. 300㎖ 피처에 150㎖ 우유거품을 올린다. 카푸치노보다 공기가 덜 들어가도록 스티머의 노즐 위치를 조절하여 더 단단하고 덜 가벼운 질감으로 만든다.
3. 거품 올린 우유를 커피에 붓는다.

1. 300㎖ 피처에 150㎖ 우유거품을 올린다. (카푸치노보다 우유를 덜 데운다)
2. 잔이나 컵에 거품 올린 우유를 붓는다.
3. 카카오가루를 뿌린다.

카페라테(CAFFE LATTE)

이탈리아의 카페라테 또는 앵글로색슨 국가의 라테는 플랫화이트와 비슷하지만 더 큰 잔을 사용한다.

200~300㎖ 잔

1. 200~300㎖ 잔에 원하는 커피 강도에 따라 에스프레소 1샷 또는 2샷을 내린다.
2. 600㎖ 피처에 250㎖의 우유거품을 올린다. 카푸치노의 거품보다 공기가 덜 들어가도록 스티머의 노즐 위치를 조절하여 더 단단하고 덜 가벼운 질감의 거품을 만든다.
3. 우유거품을 커피에 붓는다.

라테 마키아토(LATTE MACCHIATO)

카페라테의 변형으로 우유거품에 에스프레소를 붓는다. 용기는 에스프레소와 우유의 서로 다른 층을 볼 수 있는 큰 유리컵을 사용한다.

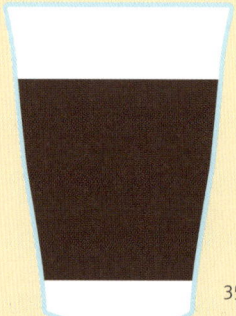

350㎖ 유리컵

1. 600㎖ 피처에 250~300㎖의 우유거품을 올린다. 가벼운 우유거품을 만들기 위해 스티머의 노즐 위치를 조절하여 더 많은 공기를 집어넣는다. 우유거품을 유리컵에 붓는다.
2. 스테인리스 또는 도자기로 된 100㎖ 용량의 작은 피처에 에스프레소 1샷을 내린다.
3. 우유거품을 담은 유리컵에 조심스럽게 에스프레소를 부으면 우유거품과 커피의 밀도 차이 때문에 층이 만들어진다.

마키아토(MACCHIATO)

마키아토는 이탈리아어로 '얼룩진'이란 뜻으로 우유거품을 올린 에스프레소이다.

90㎖ 유리컵

1. 약 90㎖ 유리컵에 에스프레소 1샷을 내린다.
2. 작은 피처에 우유거품을 조금 올린다.
3. 에스프레소 위에 우유거품을 1작은술 또는 2작은술 올린다.

코르타도(CORTADO)

스페인어로 cortar 즉 '자르다'는 뜻의 코르타도는 프랑스의 '카페 누아제트(Café noisette)'와 비슷하다. 이는 따뜻한 우유를 섞은 에스프레소이다. 최근에는 우유거품을 사용하여 만들고, 커피가 더 농축된 일종의 작은 카푸치노이다(에스프레소 ⅓, 우유 ⅔).

90㎖ 유리컵

1. 약 90㎖ 유리컵에 에스프레소 1샷을 내린다.
2. 300㎖ 피처에 우유거품을 조금 올린다.
3. 에스프레소에 우유거품을 붓는다.

아포가토(AFFOGATO)

음료와 디저트의 중간 형태인 아포가토는 찬 것과 뜨거운 것을 섞어서 만드는 간단하면서 맛있는 레시피다.

200㎖ 잔

1 200㎖ 잔 바닥에 바닐라아이스크림을 공모양으로 떠놓는다.
2 아이스크림 볼에 바로 더블 에스프레소를 붓는다.

카페오레(CAFÉ AU LAIT)

프루스트(Proust)가 마들렌을 통해 차와 친해진 것처럼 많은 커피마니아들이 젊은 시절 이 음료를 통해 커피맛을 알게 되었다. 프랑스에 카페오레가 있다면, 이탈리아에는 카푸치노가 있다고 할 정도로 클래식한 음료이다.

500㎖ 볼

1 가능하면 프렌치프레스로 필터커피 200㎖를 준비한다.
2 냄비에 우유 200㎖를 넣고 약한불에서 데우거나, 에스프레소머신의 스티머로 65℃로 데운다.
3 볼에 커피와 우유를 붓는다.

아이리시커피(IRISH COFFEE)

아이리시커피는 아일랜드 위스키의 과일향과 산뜻함이 커피와 매우 잘 어울린다. 크림은 음료를 차게 만들기 위해 아주 차가워야 한다. 아이리시커피는 섞지 않고 그대로 맛봐야 한다.

200㎖ 유리컵

1 프렌치프레스로 필터커피 100㎖를 준비한다.
2 중탕으로 데운 아일랜드 위스키 40㎖에 황설탕 2작은술을 넣어 녹인다.
3 열 때문에 잔이 깨지는 것을 막기 위해 미리 따뜻한 물에 담가둔 유리컵에 커피를 붓고 위스키를 섞는다.
4 생크림으로 거품을 가볍게 올린 후, 위스키와 섞은 커피 위에 티스푼 뒷면을 따라 흘러내리게 붓는다.

카푸치노 프라페(CAPPUCCINO FRAPPÉ)

얼음을 채워 넣고 흔들어서 만드는 버전으로 카푸치노를 자유롭게 해석한 것이다.

200㎖ 유리컵

1 300㎖ 피처에 150㎖의 우유거품을 올려서 에스프레소 1샷(15~45㎖) 위에 붓는다.
2 100㎖ 용량의 작은 스테인리스나 도자기 피처에 설탕시럽 15g을 넣는다.
3 얼음 80g을 채운 셰이커에 카푸치노와 시럽을 넣고 30초 동안 힘차게 흔든다.
4 얼음이 들어가지 않도록 걸러내면서 200㎖ 유리컵에 붓는다.

필터 커피

진정한 에스프레소 추출방법은 하나뿐이지만 필터커피의 추출방법은 여러 가지로
크게 침지식(물에 담그기)과 여과식(거르기) 2가지로 나눌 수 있다.
또한 에스프레소는 높은 압력을 이용해 빨리 추출하지만, 필터커피는 천천히 또는 부드럽게 추출한다.

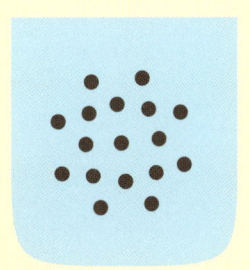

침지식

원리는 용기에 커피가루와 뜨거운 물을 같이 넣고 몇 분 동안(사용방법에 따라 1~4분) 우린 후 필터로 커피를 거른다. 이 방법은 커피 입자를 골고루 물에 적셔서 특별히 숙련된 기술 없이 커피 성분을 고르게 추출할 수 있다.

여과식

필터에 커피가루를 담아 뜨거운 물로 커피를 추출하는 방법이다. 뜨거운 물이 커피가루를 적시고 통과하여 여과가 이루어진다. 복합적인 향과 커피오일을 지닌 액체가 중력에 의해 아래 있는 서버로 흘러내리고, 젖은 커피가루는 필터 안에 남는다. 커피가루와 물이 접촉하는 시간을 조절하는 침지식과 달리, 여과식의 추출시간은 드리퍼에 물을 붓는 속도와 커피가루의 굵기에 따라 달라진다. 고르게 추출하려면 추출하는 동안 커피가루가 고루 적셔지게 해야 한다.

각각의 추출방법에서 중요한 기본 정보들을 알아둔다

4분
추출시간

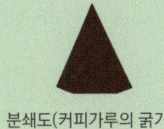

분쇄도(커피가루의 굵기)

14g
커피가루의 양

커피 추출량

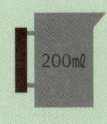

200㎖
물양

필터커피에 필요한 도구

필터커피를 만들 때는 침지식 또는 여과식을 선택해야 하며,
어느 쪽이든 항상 커피가루와 물(대부분 뜨거운 물) 그리고 다음의 기본 도구들이 필요하다.
자신에게 맞는 추출도구를 준비한다.

그라인더
(p.28~31 참조)

저울

베이킹과 마찬가지로 필터커피를 만들기 위해서는 저울이 반드시 필요하다. 스푼으로 커피 양을 재거나, 부피로 물을 계량하는 것은 매우 부정확하다(온도에 따라 물의 부피가 달라진다). 커피와 물의 양을 무게로 재는 것이 훨씬 더 정확하다. 그래서 0.1g까지 잴 수 있고, 위에 물양을 잴 때 물을 담을 물병이나 커피추출기구를 얹어서 잴 수 있을 만큼 충분히 큰 접시가 있는 저울이 필요하다.

타이머

스틱

드립포트

필터
(p.84~85 참조)

재질은 종이, 융, 금속 등이 있으며, 원형이나 세로로 홈이 있는 모양이다. 사이펀용, 하리오 V60용 등 종류가 다양하다.

물
(p.32~35 참조)

커피추출기구의 종류와 상관없이 생수나 적어도 정수한 물을 사용한다. 가능하다면 전자동 커피추출기구에는 볼빅(Volvic®, 프랑스 생수)을 사용한다(석회와 녹이 생기는 것을 방지한다). 다른 커피추출기구에는 몽칼므(Montcalm®, 프랑스 생수)가 좋다.

커피잔, 머그잔, 유리컵
(p.36~37 참조)

꼭 필요한 드립포트

백조 목모양의 특별한 물 배출구가 있는 '포트'가 없다면 여과식 커피를 추출하기가 어렵다. 이 드립포트는 클래식 포트에 비해 물을 부을 때 물양을 조절하기가 훨씬 더 쉽고, 고르게 추출된다. 하리오(Hario®)나 온도조절이 가능한 보나비타(Bonavita®)의 드립포트가 뛰어나다.

유량제한기

물양을 보다 정교하고 안정적으로 붓기 위해 유량제한기를 사용한다. 특히 하리오 V60의 드립포트로 커피를 추출할 때 유용하다. 인터넷을 통해 쉽게 구할 수 있다.

이상적인 커피추출기구

보디

- 프렌치프레스 (FRENCH PRESS)
- 에어로프레스 (AERO PRESS®)
- 칼리타 (KALITA®)
- 클레버 드리퍼 (CLEVER® DRIPPER)
- 하리오 V60 (HARIO®)
- 사이펀 (SIPHON)
- 케멕스 (CHEMEX®)

명료한 향

필터커피에 필요한 도구

필터커피 시음

에스프레소와 마찬가지로 필터커피도 정해진 기준에 따라 시음하고 평가한다.
필터커피는 오랫동안 저급 커피로 인식되었으나 오늘날 다시 많은 관심을 얻고 있다.

시음방법

필터커피는 비용이나 기술적 측면에서도 에스프레소보다 더 접근하기 쉽다.
그러나 좋은 커피를 만들어 충분히 즐기려면 몇 가지 규칙을 따라야 한다.

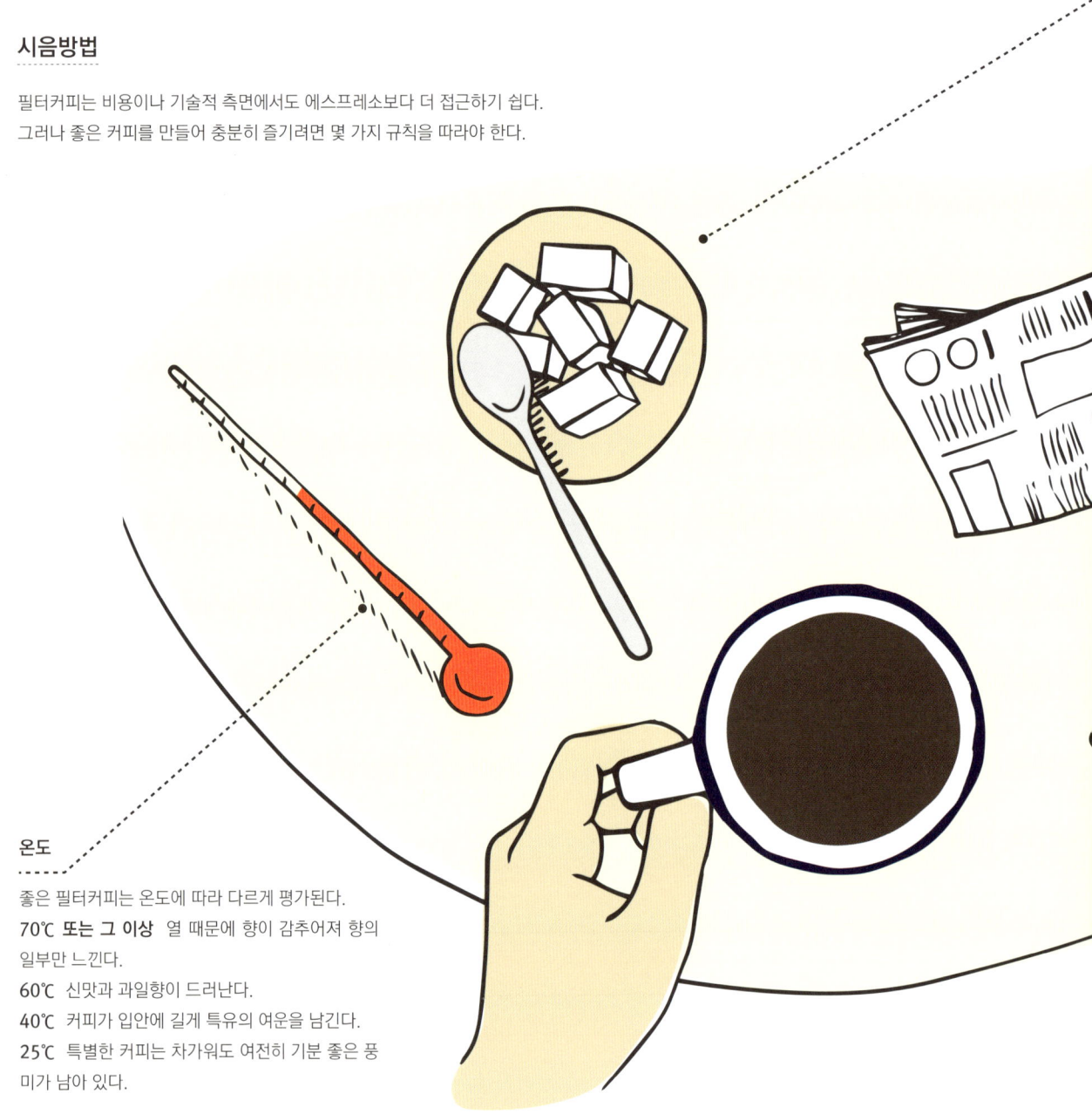

온도

좋은 필터커피는 온도에 따라 다르게 평가된다.
70℃ 또는 그 이상 열 때문에 향이 감추어져 향의 일부만 느낀다.
60℃ 신맛과 과일향이 드러난다.
40℃ 커피가 입안에 길게 특유의 여운을 남긴다.
25℃ 특별한 커피는 차가워도 여전히 기분 좋은 풍미가 남아 있다.

설탕을 넣을까 말까?

잘 추출한 필터커피에는 설탕이 필요 없다. 설탕을 넣으면 섬세한 특징의 미묘한 맛들이 가려진다. 반대로 잘못 추출해서 감미로운 맛이 거의 없고 쓴맛이 나는 필터커피는 설탕을 넣어서 밸런스를 좋게 할 수도 있다.

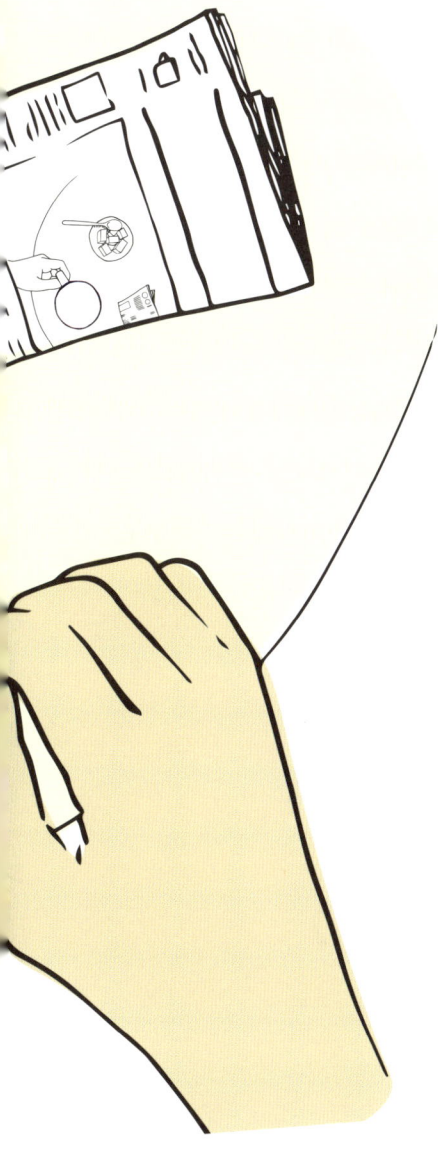

감각

커피색

필터커피의 맛은 에스프레소만큼 용기의 영향을 받지 않는다. 유리컵이나 투명한 머그잔에 추출하면 필터커피의 색깔 즉 원두의 로스팅 정도를 알 수 있다.
- **강 로스팅인 경우** 어둡고 진한 갈색~검은색 필터커피를 만든다.
- **약 로스팅인 경우** 붉은색을 띠는 맑은 갈색의 '로브(robe, 레드와인의 빛깔과 겉모습을 묘사하기 위해 사용하는 용어)' 빛깔을 갖는다.

후각_코로 맡는 향(fragrance)

필터커피에서 나는 향은 과일, 꽃, 견과류 계열의 기분 좋은 향이다. 그 밖의 다른 향들은 오히려 결점으로 볼 수 있다.

맛

기본 5가지 맛 중 필터커피에서 가장 중요한 맛은 의심할 여지없이 신맛이다. 왜냐하면 산뜻하고 신선한 느낌이고 좋은 과일향과 조화를 이루어 깔끔한 맛을 주기 때문이다. 그러나 신맛이 자연스러운 정도여야 좋지(퀸산은 수렴성이고, 초산은 톡쏘는 신맛을 갖고 있다. p.45 참조) 너무 강하면 불쾌감을 줄 수도 있다.

비후각_입을 통해서 코로 맡는 향 (aroma)

필터커피의 아로마는 에스프레소보다 다양하며 꽃, 과일, 푸른 풀(초본류), 견과류, 캐러멜, 초콜릿, 약물, 향신료, 탄내 등의 몇 가지 종류로 나눌 수 있다. 비후각으로 느끼는 필터커피의 아로마는 에스프레소에서와 같이 코로 맡은 향들을 보완하나 서로 반드시 같지는 않다(p.42~47 참조).

보디

에스프레소는 필터커피보다 농도가 10배나 더 진한 커피로, 필터커피의 보디를 에스프레소와 같은 기준으로 평가할 수는 없다. 보디와 관련된 요소들은 물에 녹지 않고 음료 속에 떠다니는 물질들인데(침전물과 오일), 이것들이 커피의 농도를 진하게 만든다. 보디는 무엇보다도 입에서 느끼는 촉감으로 크리미한, 무거운, 진한, 가벼운, 옅은, 묽은 등으로 표현한다. 이러한 보디감은 약하든 강하든 즐겁고 기분 좋은 느낌이다.

향미(플레이버)

필터커피는 당연히 에스프레소 같은 강도와 보디, 점도와 농도가 아니다. 반면에 필터커피에서는 섬세함, 세련됨, 입안에서의 여운, 기분 좋은 신맛, 비단처럼 부드러운 보디, 뚜렷한 향 등을 찾을 수 있다. 필터커피를 마시는 것은 복잡하게 꽉 찬 시야에서 벗어나 천천히 한적하게 여행하는 것에 비유할 수 있다.

복합적인 커피

마실 때 온도에 따라 기분 좋은 다양한 아로마(꽃, 과일, 향신료 등)가 나타나며, 단맛과 함께 무난하면서 신맛이 있는 복합적인 느낌의 균형 잡힌 커피를 말한다.

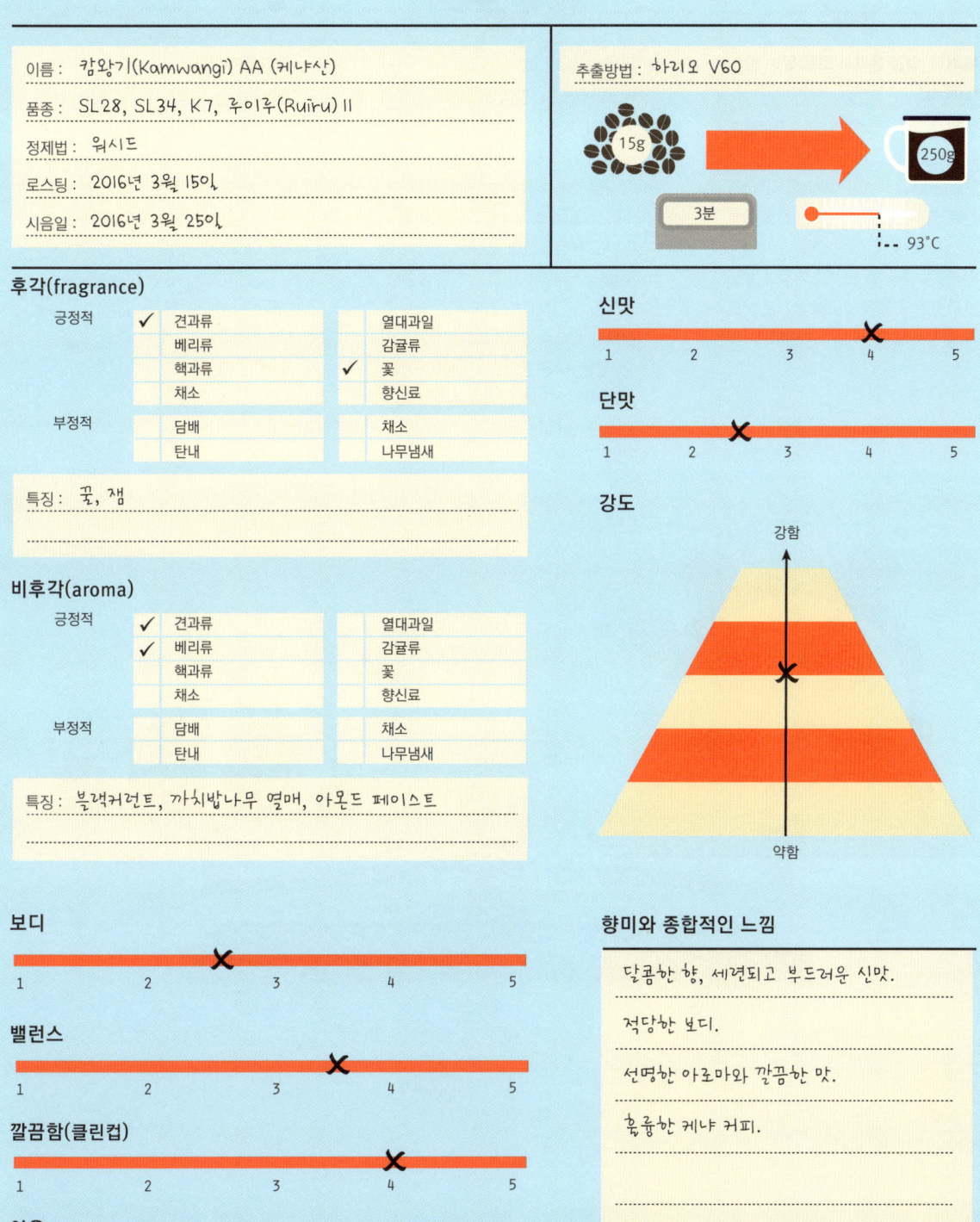

커피 필터

필터커피는 커피가루에 뜨거운 물을 침투시켜서 추출한다.
추출된 커피는 커피가루와 분리되어 필터를 통해 흘러나온다.

종이필터

1908년 멜리타(Melitta®)에서 발명한 종이필터가 오늘날 가장 널리 사용하는 필터이다. 저렴하고 흰색 또는 흰색이 아닌 필터가 있는데, 흰색 필터를 사용하는 것이 좋다. 흰색이 아닌 필터는 종이맛이 더 많이 난다.

천필터

종이필터의 원조. 천(특히 융)으로 만든 필터는 종이필터보다 더 농도가 진하고 깔끔한 커피를 만든다.

장점

종이필터는 녹지 않은 모든 성분들뿐만 아니라 대부분의 커피오일도 걸러내서 다른 필터커피보다 더 뚜렷한 향의 깔끔한 커피를 만들 수 있다. 또한 가장 구하기 쉽다.

장점

천필터는 재사용할 수 있으며, 무엇보다도 커피오일 일부를 통과시키면서 녹지 않은 성분들을 걸러낸다. 따라서 추출된 커피는 향이 좋고 풍부하다.

단점

종이필터는 한 번밖에 사용하지 못하고, 커피에 불쾌한 종이맛이 나는 것을 막기 위해 미리 물로 헹굴 필요가 있다.

단점

천필터는 사용할 때마다 빨아서 밀폐용기에 깨끗한 물과 함께 넣어 냉장고에 보관한다. 그렇지 않으면 천에 남아 있는 나쁜 냄새가 커피를 추출할 때 배어나온다.

금속필터

에스프레소머신처럼 필터커피에도 금속으로 만든 필터가 있다. 금속필터에는 정해진 크기의 수많은 작은 구멍들이 있으며, 이를 통해 액체뿐만 아니라 침전물이나 녹지 않는 성분, 커피오일 등도 나온다.

장점

씻기 쉽고, 특별하게 보관할 필요 없이 재사용할 수 있다. 이 필터로 추출한 커피는 더 텍스처가 풍부하고 보디가 있으며 탁하다.

단점

다른 필터보다는 향이 덜 뚜렷하다.

커피추출기구에 맞는 커피 필터

	프렌치프레스	에어로프레스	V60	드리퍼	케멕스	멜리타	사이폰
▽ (종이)	✗	˅	˅	˅	˅	˅	˅
● (원형)	✗	˅	˅	˅	˅	✗	˅
▽ (금속)	˅	˅	˅	˅	˅	✗	˅

프렌치프레스(FRENCH PRESS)

사용법이 간단하며 프랑스에서 널리 보급되어 있는 타입이다.

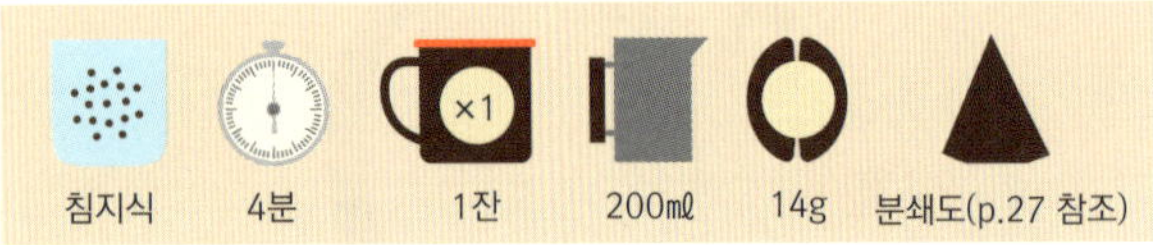

| 침지식 | 4분 | 1잔 | 200㎖ | 14g | 분쇄도(p.27 참조) |

가장 쉬운 추출방법이다. 프렌치프레스로 추출한 커피는 다른 필터커피보다 보디감이 있고 텍스처가 풍부하다. 유일한 단점은 커피가 깔끔하지 않다는 점이다.

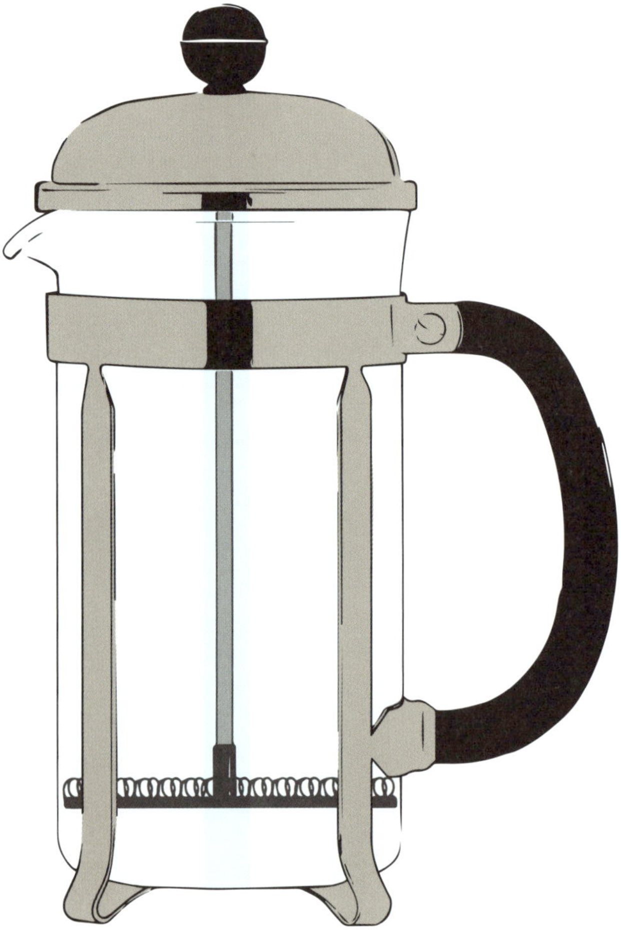

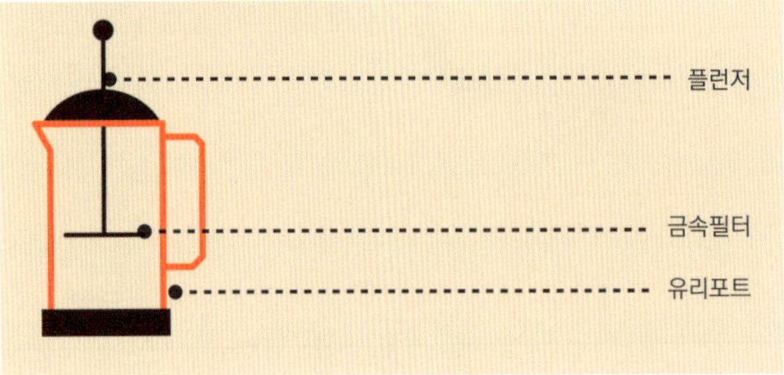

- 플런저
- 금속필터
- 유리포트

프렌치프레스로 추출한 필터커피

프렌치프레스로 추출한 커피에는 적지 않은 입자들이 돌아다닌다. 침전물이 적은 커피를 원한다면 커피 필터로 거른다. 그러면 녹지 않은 성분들이 걸러져서 결과적으로 보디는 가벼워지지만 향은 더 잘 느껴진다.

추출방법

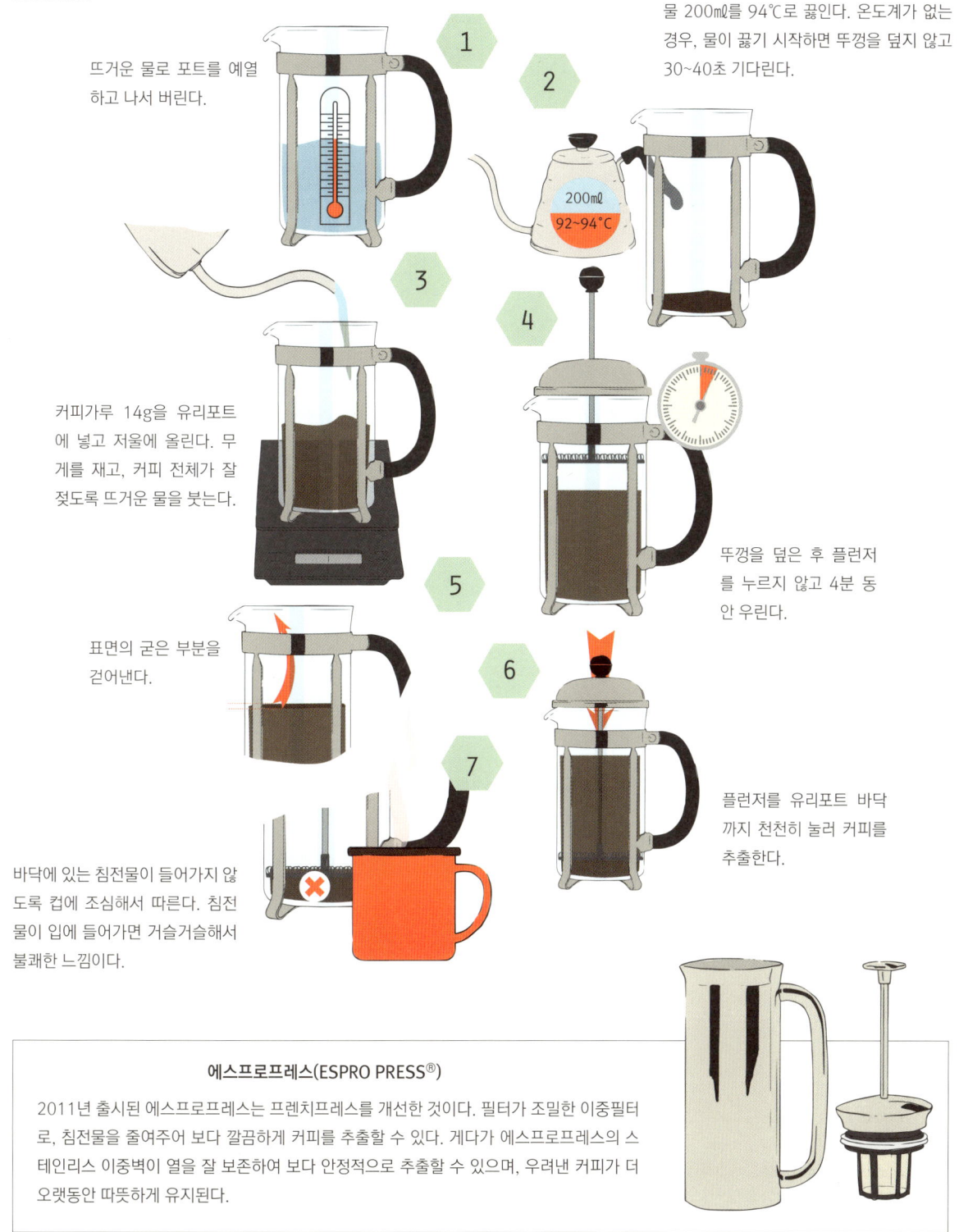

1. 뜨거운 물로 포트를 예열하고 나서 버린다.
2. 물 200㎖를 94℃로 끓인다. 온도계가 없는 경우, 물이 끓기 시작하면 뚜껑을 덮지 않고 30~40초 기다린다.
3. 커피가루 14g을 유리포트에 넣고 저울에 올린다. 무게를 재고, 커피 전체가 잘 젖도록 뜨거운 물을 붓는다.
4. 뚜껑을 덮은 후 플런저를 누르지 않고 4분 동안 우린다.
5. 표면의 굳은 부분을 걷어낸다.
6. 플런저를 유리포트 바닥까지 천천히 눌러 커피를 추출한다.
7. 바닥에 있는 침전물이 들어가지 않도록 컵에 조심해서 따른다. 침전물이 입에 들어가면 거슬거슬해서 불쾌한 느낌이다.

에스프로프레스(ESPRO PRESS®)

2011년 출시된 에스프로프레스는 프렌치프레스를 개선한 것이다. 필터가 조밀한 이중필터로, 침전물을 줄여주어 보다 깔끔하게 커피를 추출할 수 있다. 게다가 에스프로프레스의 스테인리스 이중벽이 열을 잘 보존하여 보다 안정적으로 추출할 수 있으며, 우려낸 커피가 더 오랫동안 따뜻하게 유지된다.

에어로프레스(AEROPRESS®)

2005년 에어로비(Aerobie)의 창업자인 앨런 애들러(Alan Adler)가 발명한 커피추출기구.
플라스틱 재질이며 사용하기 매우 쉽다.

침지식 / 1분 30초 / 종이필터 / 1잔 / 250㎖ / 14g / 분쇄도(p.27 참조)

프렌치프레스보다 더 빨리 추출할 수 있고, 종이필터를 사용하기 때문에 커피에 침전물이 더 적다.

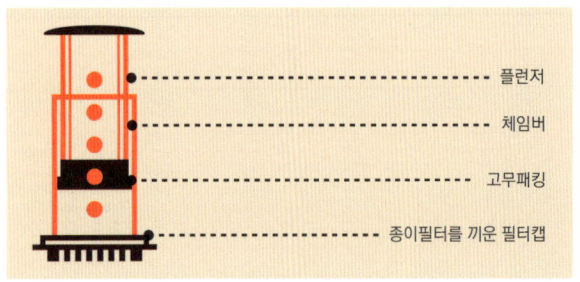

플런저
체임버
고무패킹
종이필터를 끼운 필터캡

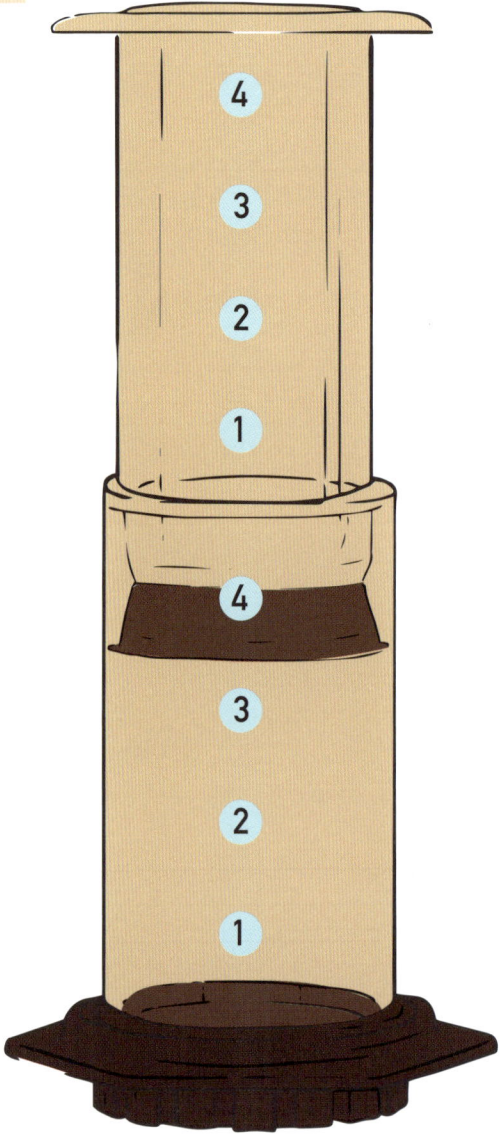

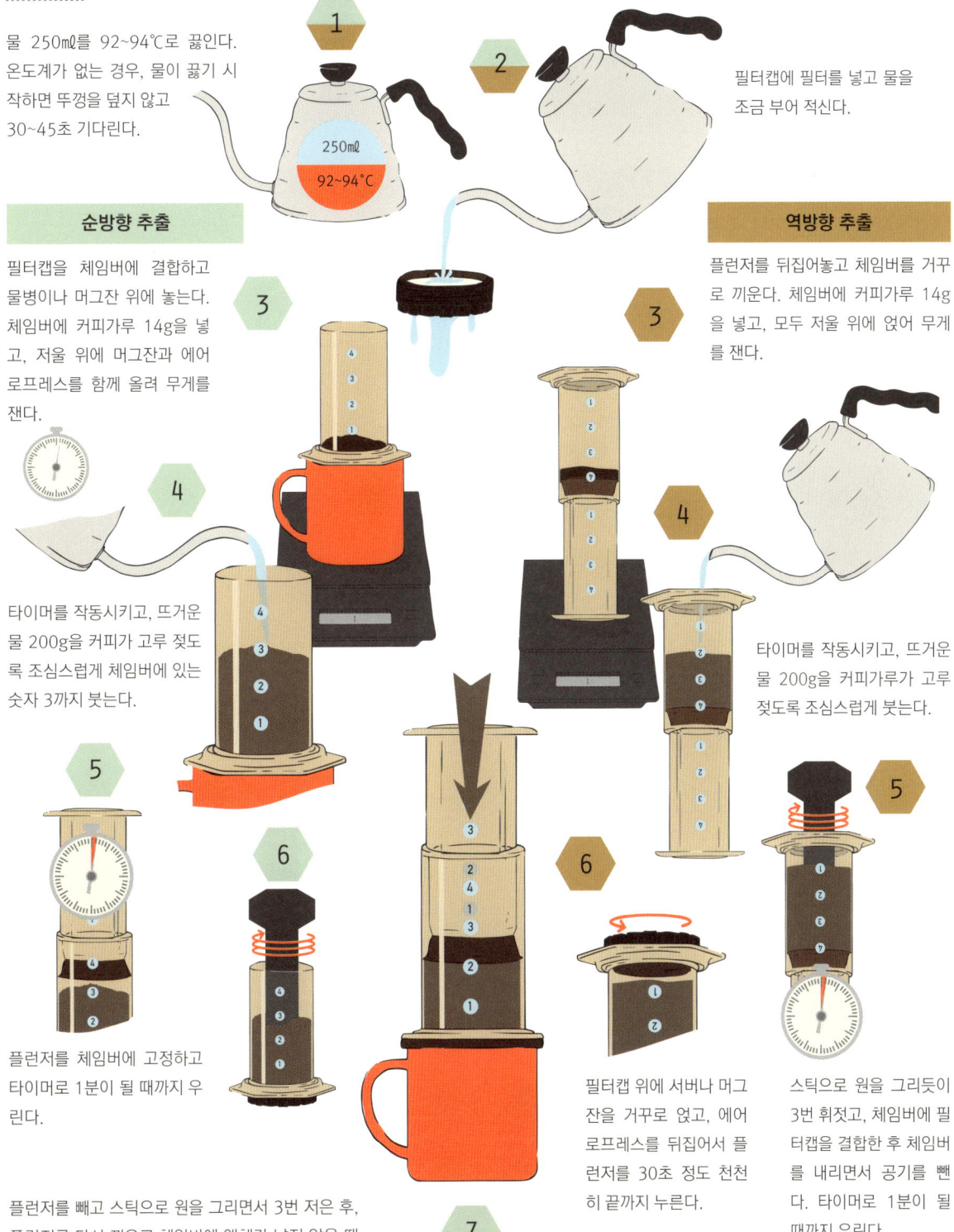

클레버(CLEVER®) 드리퍼

타이완의 ABID®(Absolutely Best Idea Development)가 개발한 커피추출기구.
침지식과 여과식을 혼합한 것으로 추출하기 전에 먼저 침지가 이루어진다.

침지식 가운데 가장 침전물이 적은 커피를 만든다.

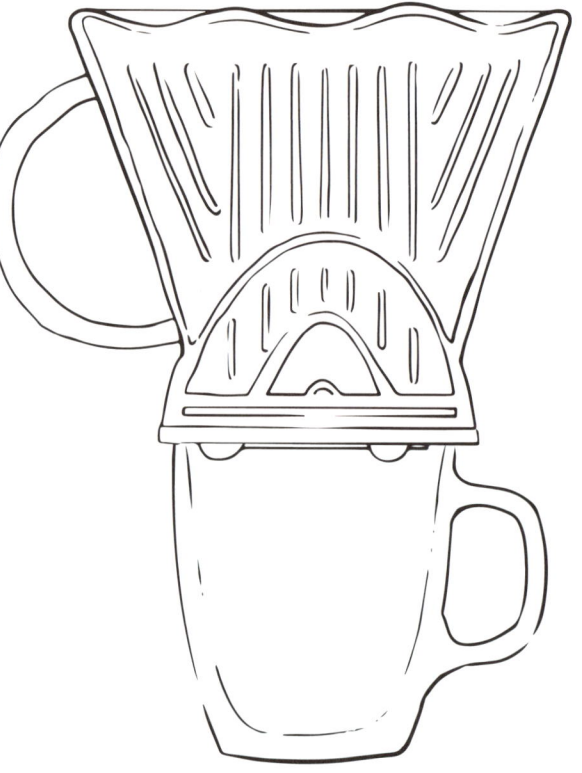

추출방법

1. 물 300㎖를 90~92℃로 끓인다. 온도계가 없는 경우, 불이 끓기 시작하면 뚜껑을 덮지 않고 45초~1분 기다린다.

2. 드리퍼에 종이필터를 넣고, 최소 100㎖ 정도 물을 부어 적신 후 버린다.

3. 커피가루 14g을 넣고, 커피 드리퍼를 저울에 얹어 무게를 잰다.

4. 타이머를 작동시키고, 뜨거운 물 200g을 커피가 고루 젖도록 조심스럽게 붓는다. 뚜껑을 덮고 2분 30초 우린다.

5. 뚜껑을 열고 드리퍼를 서버나 머그잔 위에 올리면, 밸브가 열리고 커피가 내려온다. 이 마지막 추출 단계는 1분 정도 걸린다. 커피를 내리는 시간이 이보다 오래 걸린다면 커피가루가 너무 곱다는 표시다.

클레버(CLEVER®) 드리퍼

사이펀(SIPHON)

1830년대 발명하였으며 '진공식 커피추출기구'로도 알려져 있다.
다른 추출방법들과 달리 보는 즐거움이 있다.

이 기구로 추출한 커피는 매우 섬세하고 깔끔한 맛이며, 향이 아주 뚜렷하다.

사이펀을 살 계획이라면 참고한다

하리오 사이펀에는 알코올램프가 함께 들어 있다. 그러나 알코올램프는 불조절이 어려우므로 불을 안정적으로 완전히 조절할 수 있는 가스램프를 구입하면 좋다.

추출방법

1 물 300㎖를 90~92℃로 끓인다. 온도계가 없는 경우, 물이 끓기 시작하면 뚜껑을 덮지 않고 45초 기다린다.

2 필터에 뜨거운 물을 부어 씻는다. 로드에 필터를 넣고 스프링을 이용해 튜브에 고정한다. 필터 위에 천필터를 넣고, 스틱으로 중앙에 맞춰놓는다.

3 플라스크의 '2잔' 선까지 뜨거운 물을 붓는다. 로드를 플라스크에 넣는데 완전히 덮지 않는다. 가스램프를 켜고 플라스크를 그 위에 오게 놓는다.

4 물이 끓으면 로드와 플라스크를 완전히 결합한다. 열 때문에 뜨거운 물이 튜브를 통해 로드로 올라간다. 물이 모두 로드로 이동하면 불을 조절해 물온도를 90~92℃로 맞춘다(온도계로 측정).

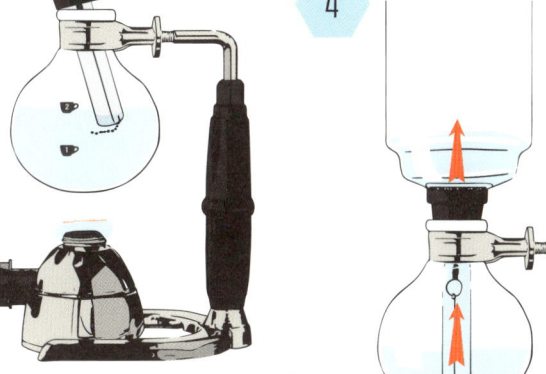

5 로드에 커피가루 16g을 넣고 타이머를 작동시킨 후, 스틱으로 커피를 휘저어 수분을 충분히 머금게 한다. 그대로 1분 동안 우린다.

6 가스램프를 끄고 치운다. 플라스크 안이 진공상태가 되고, 추출된 커피는 중력과 흡인력에 의해 튜브를 통해 로드에서 플라스크로 내려간다. 이때 필터가 커피가루와 추출된 커피를 분리한다. 이 단계가 30~40초 걸린다. 커피 내리는 시간이 너무 오래 걸린다면 커피가루가 너무 고운 것이므로 굵기를 조절한다.

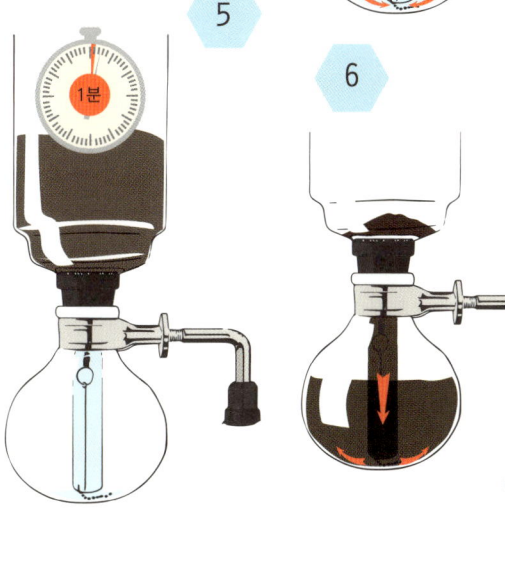

하리오(HARIO®) V60

일본회사 하리오가 상업화한 V60은 이름처럼 V자 모양의 드리퍼이다.

이 방법은 매우 밸런스가 좋은 보디와 향이 뚜렷한 커피를 만든다.

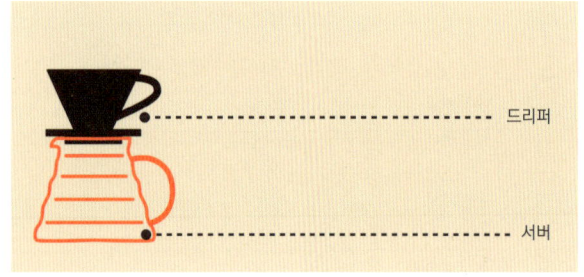

추출방법

물 300㎖를 94℃로 끓인다. 온도계가 없는 경우, 물이 끓기 시작하면 뚜껑을 덮지 않고 30~40초 기다린다.

커피가루를 12~13g 넣는다. 하리오와 서버를 저울에 올려 무게를 잰다.

V60 드리퍼에 종이필터를 넣고, 커피에 종이맛이 들어가지 않게 최소 100㎖의 물로 충분히 씻은 후 물을 버린다.

타이머를 작동시키고 먼저 물 25g을 붓는데, 커피가루가 고루 젖도록 원을 그리며 붓는다. 물이 커피가루를 충분히 뜸들이고 이산화탄소가 조금 빠져나가도록 30초를 기다린 후, 다시 시계방향으로 원을 그리며 종이필터가 젖지 않도록 물 25g을 붓는다. 저울이 200g을 가리킬 때까지 이런 방식으로 15초마다 물 25g을 붓는다.

총 추출시간은 일반적으로 2분 30초~3분이다. 추출시간이 너무 짧다면 커피가루가 너무 굵은 것이고, 길다면 커피가루가 너무 고운 것이다.

케멕스(CHEMEX®)

1941년 페테 슐룸봄(Peter Sclumbohm) 박사가 발명한 케멕스는 완벽하게 모래시계 모양으로, 상부는 드리퍼고 하부는 서버다.

케멕스로 추출한 커피는 거의 보디감이 없으나 향이 아주 뚜렷하고 깔끔하다.

케멕스 필터 접기

케멕스에 사용하는 종이필터는 다른 종이필터보다 두껍고 비대칭으로 접는다. 드리퍼 한 쪽은 한 겹, 다른 쪽은 세 겹으로 접는다. 케멕스 필터를 접는 또 다른 방법은 다음 페이지에 자세히 설명하였다.

추출방법

1. 물 1ℓ를 94℃로 끓인다. 온도계가 없는 경우, 물이 끓기 시작하면 뚜껑을 덮지 않고 30~40초 기다린다.

2. 종이필터를 접어 케멕스 안에 넣고, 커피에 종이맛이 들어가지 않도록 최소 500㎖의 물로 씻는다. 필터를 옆으로 밀어 물을 버리고, 필터를 다시 제자리에 놓는다.

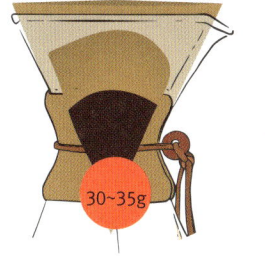

3. 필터에 커피가루 30~35g을 넣고, 케멕스를 저울에 올려 무게를 잰다.

4. 타이머를 작동시키고, 커피가루가 고루 젖도록 먼저 물 100g을 붓는다. 물이 커피가루를 충분히 뜸들이고 이산화탄소가 조금 빠져나가도록 45초 기다린다.

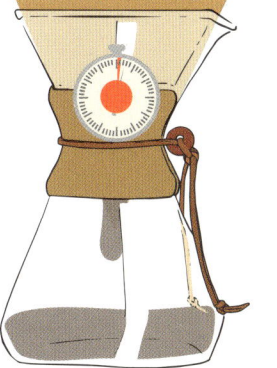

5. 물 100g을 가운데에서 가장자리로, 다음은 가장자리에서 가운데로 마치 나선을 그리듯이 시계방향으로 붓는다. 물 100g을 30~40초마다 500g이 될 때까지 붓는다.

총 추출시간은 3분 30초~4분이다. 이보다 짧으면 커피가루가 너무 굵은 것이고, 길면 커피가루가 너무 고운 것이다.

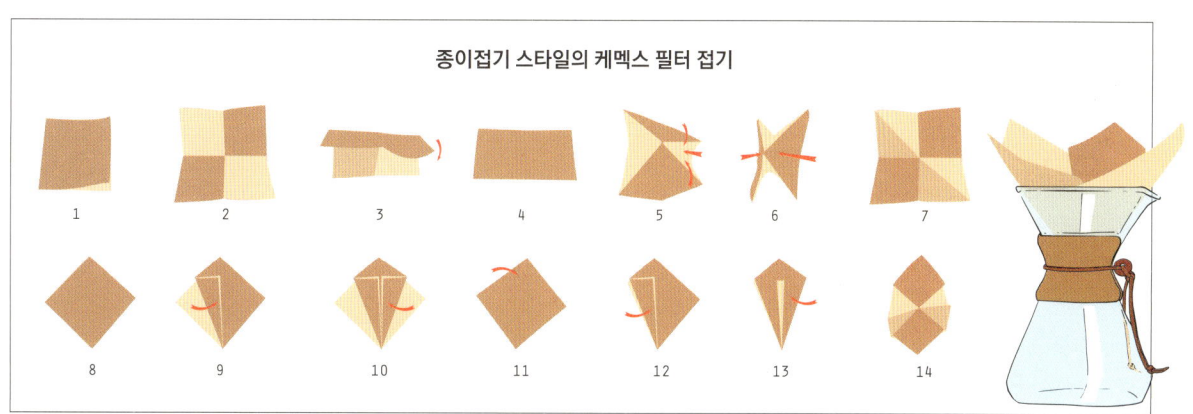

종이접기 스타일의 케멕스 필터 접기

칼리타(KALITA®) 웨이브

일본 제품 칼리타 웨이브는 바닥에 구멍이 3개 있는 드리퍼이다.
물결모양으로 주름을 잡은 전용 필터를 사용한다.

이 드리퍼로 추출한 커피는 풍부한 보디와 잘 발현된 향을 가진다.

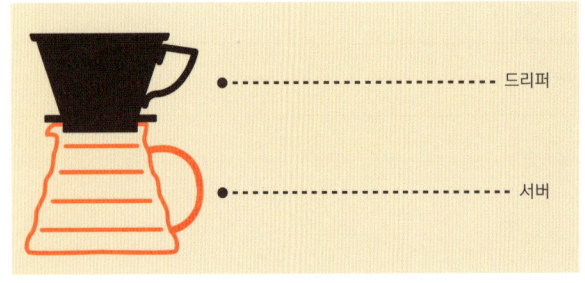

추출방법

1. 물 400㎖를 94℃로 끓인다. 온도계가 없는 경우, 물이 끓기 시작하면 뚜껑을 덮지 않고 30~40초 기다린다.

2. 칼리타 웨이브드리퍼 안에 필터를 넣는다. 필터 가운데에 뜨거운 물을 부어 드리퍼에 고정하고, 서버의 물은 버린다. 하리오 V60이나 케멕스처럼 종이 맛을 없애기 위해 물로 씻을 필요는 없다.

3. 필터에 커피가루 18g을 넣고, 드리퍼와 서버를 저울에 올려 무게를 잰다.

4. 타이머를 작동시키고, 커피가루가 모두 젖도록 물 50g을 붓는다. 물이 커피가루를 충분히 뜸들이고 이산화탄소가 조금 빠져나가도록 40~45초 기다린다. 그리고 필터 가장자리가 젖지 않게 물 50g을 가운데에서 가장자리로, 다음은 가장자리에서 가운데로 마치 나선을 그리듯이 시계방향으로 붓는다. 물이 빠져서 커피가루 보이기 전에 다시 물 50g을 붓는다. 이것을 300g이 될 때까지 반복한다. 총 추출시간은 3분이다. 추출시간이 이보다 짧다면 커피가루가 너무 굵은 것이고, 길다면 커피가루가 너무 고운 것이다.

모카포트(MOKA POT)

1822년 루이-베르나르 라보(Louis-Bernard Rabaut)의 '원뿔형 세탁통'에서 영감을 얻어 만든 커피추출기구이다. 1933년 알폰소 비알레티(Alfonso Bialetti)가 특허를 얻어 '이탈리아 커피추출기구'라 부르기도 한다. 비알레티(Bialetti®)는 지금도 계속 모카포트를 만들고 있으며, 그 인기가 여전하다. 예전부터 알루미늄으로 만들어왔으나 오늘날 스테인리스로도 만들며, 모양과 크기가 다양하다.

여과식 / 1분 / 3잔 / 150㎖ / 15g / 분쇄도(p.27 참조)

이 커피추출기구는 강하고 비교적 진한 에스프레소에 가까운 커피를 만들 수 있다. 에스프레소머신은 압력이 8~10기압이지만, 모카포트는 1.5기압 정도이다. 추출할 때 끓는 물의 온도가 매우 높기 때문에 주의하지 않으면 커피의 쓴 성분들이 추출되는 경향이 있다.

- 뚜껑
- 컨테이너(주전자)
- 필터바스켓
- 보일러(물탱크)

추출방법

바스켓에 커피가루 15g을 넣는다. 바스켓 가장자리를 가볍게 두드려서 표면을 평평하게 만드는데, 누르지는 않는다.

전기포트로 물을 80℃로 끓인다. 전기포트를 사용하면 시간을 절약하고 커피가루를 태우는 것을 피할 수 있다. 컨테이너에 밸브 아래까지 뜨거운 물을 채운다 (약 150㎖).

컨테이너를 돌려 보일러와 결합한다. 모카포트를 약한불에 올리고, 추출과정을 지켜보기 위해서 뚜껑은 덮지 않는다.

커피가 올라오자마자 불을 낮춘다. 1분이 지나면 물이 모두 올라오길 기다리지 말고 불에서 내린다. 커피 추출시간이 1분 이하이면 커피가루가 너무 굵은 것이고, 1분 이상이면 너무 고운 것이다.

커피메이커(COFFEE MAKER)

전동커피메이커를 발명한 것은 1950년대이지만 1970년대가 되어서야 비로소 대중화되었다.

하리오 V60 드리퍼보다 신맛이 덜하며, 밸런스 잡힌 커피를 만든다. 단, 덜 열리고 덜 복잡한 향을 갖는다고 할 수 있다.

- 샤워헤드
- 필터바스켓
- 서버
- 보온열판

추출원리는 바로 중력

물통에 있는 차가운 물이 중력에 의해 보일러실로 이동하면 전열선이 90℃ 이상 끓이고, 뜨거운 물이 튜브를 통해 샤워헤드로 이동한다. 그리고 종이필터에 담겨 있는 커피가루 위로 천천히 흐른다.

추출방법

1. 뜨거운 물 200㎖로 필터를 충분히 씻어서 종이맛이 커피에 전해지지 않게 한다. 또 다른 방법은, 물통에 물을 붓고 커피 없이 커피메이커를 작동시킨다.

2. 물통에 물을 붓는다.

3. 타이머로 원하는 추출 시간을 입력하거나 곧바로 작동시켜 커피를 내린다.

4. 추출한 커피는 커피메이커에서 보온 상태로 오래 두지 않는다. 추출 후 바로 마시거나, 보온병에 담아 최대 20~30분 안에 마신다. 그 이상 지나면 커피가 산화되어 맛이 변한다.

수치로 살펴본 필터커피

추출방법이 무엇이든 맛있는 커피를 추출하기 위해서는 몇 가지 변수를 조절할 필요가 있다. 그 밖에 약간의 경험과 호기심만 있으면 된다.

분쇄도

커피 입자가 작을수록 물과 닿는 면이 커지고, 원두에 들어 있는 물질이 더 많이 녹아나오기 때문에 중요한 요소이다. 좋은 필터커피를 얻기 위해서는 분쇄한 커피 입자가 에스프레소의 경우보다 더 굵어야 하고, 무엇보다도 굵기가 일정해야 한다. 커피 입자가 작으면 뜨거운 물과 만나 과다추출이 되며, 입안에서 향이 잘 느껴지지 않고 쓴맛이 나기 쉽다. 분쇄도는 추출방법, 커피 추출량(그리고 물양), 필터 종류 등에 맞춰 조절한다.

물 온도

커피의 구성성분은 대부분 고온에서 더 잘 녹는다. 최적의 온도는 92~95℃이다.

온도 조절

너무 뜨거운 물은 커피를 태울 수 있다. 반면에 충분히 뜨겁지 않으면 커피향을 완전히 끌어내지 못한다.
원두의 로스팅 정도에 따라서도 온도를 조절한다.
- **강 로스팅** 온도를 낮춘다(92℃ 또는 그 이하).
- **약 로스팅** 온도를 높인다(94~95℃).

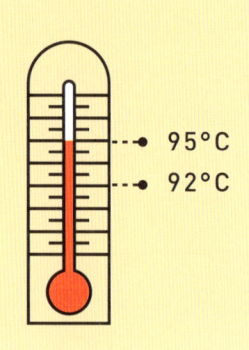

원두의 분쇄도 조절

 침지식

커피 상태	원인	해결
쓰고 떫으며, 건조하고 뒷맛이 불쾌하다.	과다추출	더 굵게 간다.
너무 신맛이 강하고 짜다.	과소추출	더 곱게 간다.

 여과식

커피 상태	원인	해결
쓰고 떫으며, 건조하고 뒷맛이 불쾌하다.	과다추출	더 굵게 갈고, 더 빠르게 추출한다.
커피가 너무 시고 짜다.	과소추출	더 곱게 갈고, 더 천천히 오래 추출한다.

커피와 물의 비율

필터커피는 에스프레소보다 10배 더 묽다. 그리고 에스프레소에 비해 훨씬 적은 양의 커피가 필요하고, 물은 더 많은 양이 필요하다. 일반적으로 물과 커피의 비율은 물 1ℓ에 커피 55~80g이다.

커피의 양 조절

- 물 1ℓ에 커피 55g
  커피가 가볍다.

- 물 1ℓ에 커피 80g
  커피가 더 진하다.

물 1ℓ당 커피의 양을 늘리거나 줄여서 최상의 커피 비율을 찾는다.

추출시간

커피와 물의 접촉시간이 추출된 음료에 흩어져 있는 물질의 양을 결정한다. 따라서 추출시간을 이용해 좋은 성분은 최대화하고, 좋지 않은 성분은 최소화하여 밸런스를 찾아야 한다. 추출시간이 너무 짧으면 좋은 향이 부족하고, 추출시간이 너무 길면 부정적인 향이 나타난다.

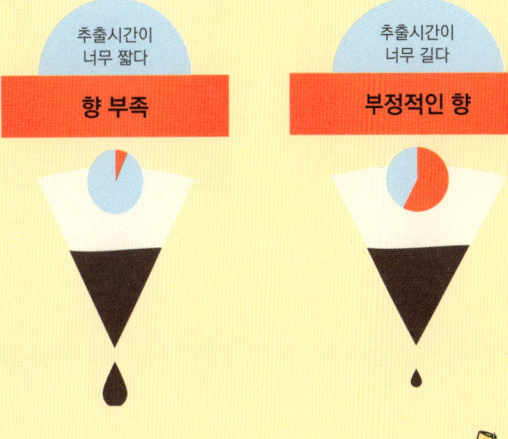

섞기

커피가루에 뜨거운 물을 붓고 스푼이나 스틱으로 섞으면 물이 원두에 고루 잘 스며들어 커피의 모든 성분이 동시에 추출된다. 또 섞으면 추출이 빠르고 고르게 되는데, 규칙적으로 균일하게 섞어야 한다. 이것이 맛있는 커피를 만드는 변수 중 하나이다.

최상의 커피를 찾는 방법

각 변수가 커피에 미치는 영향을 확인하기 위해 변수를 조절하여 추출조건을 달리하고, 이렇게 추출한 커피를 비교해보면 좋다.

1. 기본 조건으로 첫 번째 커피를 만들고, 두 번째 커피에서는 커피 입자를 더 가늘게 또는 더 굵게 바꾼다(가능하다면 두 가지 커피를 모두 만들면 좋다). 맛을 보고 비교하여 어떤 것이 가장 맛있는지 기록한다.

2. 가장 맛있는 커피 입자를 유지하면서 커피와 물의 비율을 바꿔본다. 맛을 비교하고 기록한다.

3. 자신에게 가장 잘 맞는 커피와 물의 비율을 유지하면서 물의 온도를 바꿔본다.

아이스커피

만드는 방법은 필터커피를 만드는 방법과 같은데 차게 마신다.
최근에 더욱 유행하는 커피로 여름은 시원한 아이스커피의 계절이다.

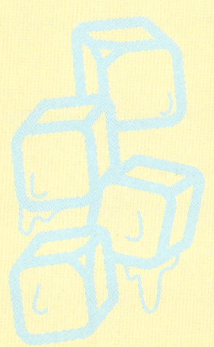

뜨거운 물로 추출(핫브루)

커피를 뜨거운 물로 추출하여 바로 얼음을 넣고 차갑게 만들어 마시는 음료이다.

찬물로 추출(콜드브루)

찬물로 추출하여 만드는 아이스커피는 뜨거운 물로 추출하여 만드는 아이스커피와 완전히 다르다. 신맛이 거의 없고 무난한 맛이다. 커피숍에서 이 커피를 예쁜 병에 담아 판매하고 있다.

콜드브루로 아이스커피를 만드는 방법

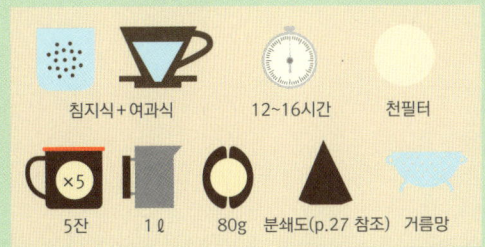

1 전날, 뚜껑이 있는 용기에 커피가루를 넣고, 커피가 고루 젖도록 물을 붓고 뚜껑을 덮는다. 냉장고에서 12~16시간 우린다.

2 다음날, 천필터를 넣은 거름망을 병에 올려놓고 커피를 거른 후 얼음을 넣는다.

찬물로 추출하는 콜드브루(COLD BREW)

대단한 화학 지식도 필요 없다. 다음의 자세한 설명만 보면 누구나 쉽게 만들 수 있다.

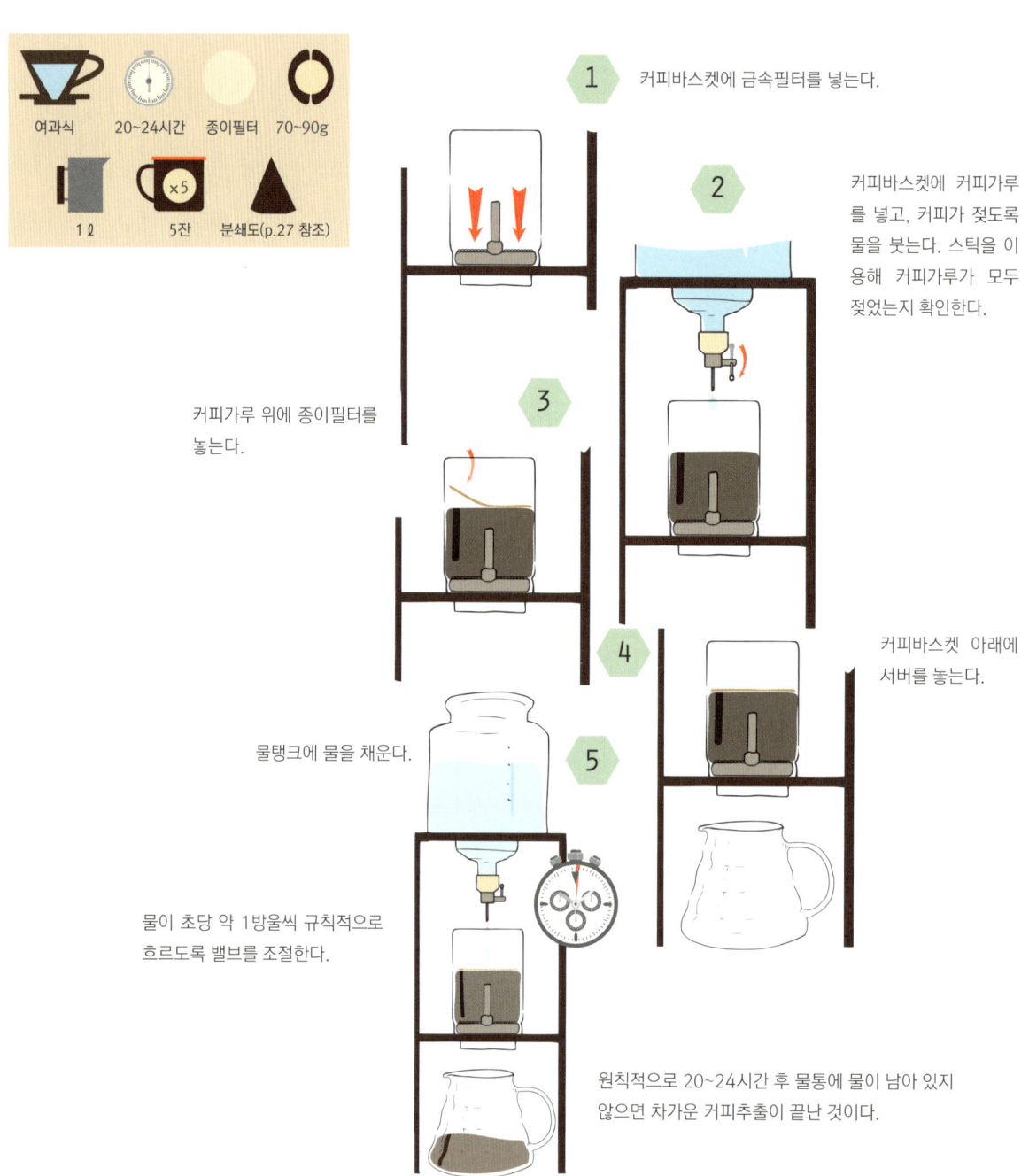

일본식 아이스커피

추출한 커피에 얼음이 일부 녹아서 희석되므로 향이 진하고 신맛이 강한 커피를 사용하면 좋다.
추출하는 물과 얼음물은 같은 물을 사용한다.

잘 녹지 않는 얼음으로 만드는 아이스커피

물 200㎖에 커피 12~13g의 고전적인 비율로 필터커피를 추출하여 아이스커피를 만들 수 있는데, 단 냉동고에서 단단하게 얼린 얼음을 사용하여야 얼음이 금방 녹아서 커피가 묽어지지 않는다. 또한 얼음을 충분히 넣어야 한다.

1. 물 250㎖를 94℃로 끓인다. 온도계가 없는 경우, 물이 끓기 시작하면 뚜껑을 덮지 않고 30~40초 기다린다.

2.  하리오 V60 드리퍼에 필터를 넣고 뜨거운 물 100㎖로 씻은 후 물을 버린다.

3. 서버의 반을 얼음으로 채운다. 드리퍼에 커피 17g을 넣고, 드리퍼와 서버를 함께 저울에 올려 무게를 잰다.

4.  타이머를 작동시키고, 먼저 커피가루가 모두 젖도록 뜨거운 물 50g을 부어서 휘젓는다. 타이머로 30초가 되면 다시 시계방향으로 원을 그리며 뜨거운 물 50g을 붓는다. 30초 후 타이머가 1분을 가리키면 뜨거운 물 50g을 또 붓는다. 1분 45초~2분이면 물 흐르는 것이 멈춘다.

CHAPTER 3

로스팅
TORRÉFIER

로스팅

로스팅은 커피생두를 볶아서 향을 끌어내는 작업이다.
로스터에게는 커피생두와 기구를 완벽하게 알아야 하는 힘들고 섬세한 작업이다.
바리스타도 더 좋은 원두를 고르고 충분히 활용하기 위해 로스팅에 대한 확실한 지식이 있어야 한다.

로스팅기

영어로는 로스터(roaster)이다. 이는 커피생두를 볶는 로스팅 장인이자 기계를 가리키는 말이기도 하다(이 책에서는 로스팅 기계를 '로스팅기'로 구분하여 사용한다). 용량에 따라(100g부터 수백kg까지), 열원에 따라(가스 또는 전기) 그리고 구조에 따라 다양한 모델의 기계가 있다. 가장 널리 사용하는 로스팅기는 가스로 직접 가열하는 회장식 원통형 드럼이 있다. 이 타입의 로스팅기를 사용하는 경우 190~230℃에서 10~20분 로스팅한다.

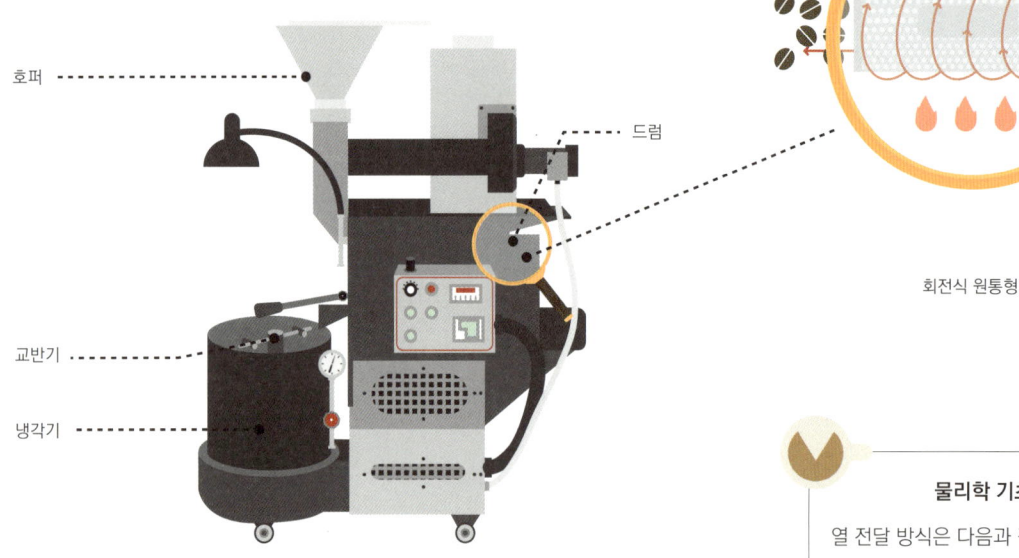

회전식 원통형 드럼

공방형 로스팅

로스팅기는 기본적으로 대류와 전도 그리고 안정적인 로스팅을 위해 중요한 복사에 의해 열이 전달된다.
로스터는 다음과 같은 사항을 조절한다
- 화력
- 커피생두를 둘러싼 열풍의 양(대류열 조절)
- 커피생두와 직접 닿는 드럼의 회전속도(전도열 조절)

로스팅이 끝나면 냉각기에서 커피원두를 재빨리 휘저으면서 강한 바람으로 식혀 남은 열로 더 구워지지 않게 한다.

물리학 기초

열 전달 방식은 다음과 같이 3가지다.

- **대류** 액체나 공기의 흐름을 통해 전달.
- **전도** 물체를 통해 전달.
- **복사** 물체의 열 방출.

기업형 로스팅

대부분의 로스팅회사는 커피생두를 고속방식(400℃에서 10분 이내) 또는 '플래시(flash)' 방식(800℃에서 90초)으로 볶는다. 이 방법들은 향도 맛도 온전히 끌어내지 못한다. 플래시 방식에서는 원두를 물로 식힐 수밖에 없는데(물을 이용한 샤워 쿨링), 이 방식으로 로스팅한 원두인지를 알려면 간 커피원두를 냉동고에 넣는다. 만약 커피가 덩어리진다면 불행하게도 법에서 허용한 최대 5%의 수분을 함유하고 있는 것이다.

홈 로스팅

집에서도 누구나 커피생두를 로스팅할 수 있다.

어떤 생두를 고를까

생두는 공방형의 로스터리숍에서만 구입할 수 있다. 구입할 때는 로스팅 후 무게가 11~22% 준다는 것을 고려하며, 무난하고 로스팅하기 쉬운 생두를 고른다. 예를 들면, 부르봉 품종의 워시드(습식법)로 정제한 파카스(Pacas), 카투라(Caturra), 카투아이(Catuai) 등이 있다.

가정용 소형 로스팅기를 갖춘다

프라이팬을 이용해 로스팅한다는 생각은 바람직하지 않다. 로스팅하기는 쉽지만 대류열과 지속적으로 섞어주는 작업이 필요한데 결과가 만족스럽지 못하다. 요즘은 가정에서 사용하기에 충분한 80~500g 용량의 작은 로스팅기들이 다양하게 나와 있다.

> **배치(batch)**
> 한 번에 로스팅하는 커피생두의 양.

유동층 로스팅기

일종의 변형된 팝콘기계. 강력한 대류전열 시스템을 갖추고 있고, 로스팅 시간만 조절할 수 있다.

드럼 로스팅기

보다 정교하게 열(온도와 시간)을 조절할 수 있다. 가격은 적당한 것부터 고가의 것까지 있으나 전문가용 로스팅기만큼 풍부한 향을 기대할 수는 없다. 그래도 직접 로스팅하고, 금방 로스팅한 향이 좋은 원두를 구할 수 있으며, 로스팅 정도도 고를 수 있다는 즐거움이 있다.

커피생두와 로스팅

로스팅이 진행되면서 생두가 점차 어떻게 변해가는지 알아보자.

커피생두의 변화	로스팅 진행과정	향의 발현

커피생두의 변화

생두가 녹색에서 노란색으로 변한다.
생두 속 수분 비율이 내려간다.
흡열반응으로 열을 흡수한다.

열로 생두 속 수분을 증발시킨다.
↓
생두 속에 이산화탄소(CO_2)가 발생한다.
↓
생두의 내부압력이 25기압까지 올라간다.
↓
1차 크랙
독특한 터지는 소리(파핑)가 난다.

원두의 부피가 1.5~2배로 커지고, 무게는 최소 11%가 줄어든다. 원두가 열을 방출하고(발열반응), 갈색을 띠며(스트레커반응), '실버스킨(은피)'이라 불리는 표피가 벗겨져서 화수통에 모인다.

로스팅이 계속되면 이산화탄소가 더 팽창한다.
↓
2차 크랙
원두가 갈색이 된다.
색이 짙어질수록 원두가 더 구워진다.
무게가 22%까지 준다.
발열반응.

2차 크랙 후 열분해가 일어난다
원두 표피에 오일 성분이 나오고, 원두가 숯처럼 검게 되어 불이 붙을 위험이 있다.

로스팅 진행과정

건조단계 — A
3분
B — 1차 크랙 — 10분
발전단계 — C
D — 2차 크랙 — 16분
열분해 — E — 20분

향의 발현

건조단계에서 3~4가지 향이 나타난다.

다음의 2가지 반응으로 향과 맛이 만들어진다.

- **마이야르반응** 원두의 수분 비율이 5% 이하가 되면 설탕이 단백질분해로 생긴 아미노산과 화학반응을 일으킨다.
- **캐러멜화 반응** 물과 자당이 화학반응을 일으킨다.

신맛은 줄고 쓴맛은 늘어난다.
다시 흡열반응이 일어난다.

로스팅이 끝나면 800개 가까운 향과 함께 풍미, 신맛, 부드러움, 보디도 발달한다. 때로는 좋지 않은 풍미가 나타나기도 한다.

마지막 단계가 되면 향이 파괴되고 쓴맛이 강해지며, 신맛이 없어지고 보디도 약해진다.

로스팅과 원두의 온도

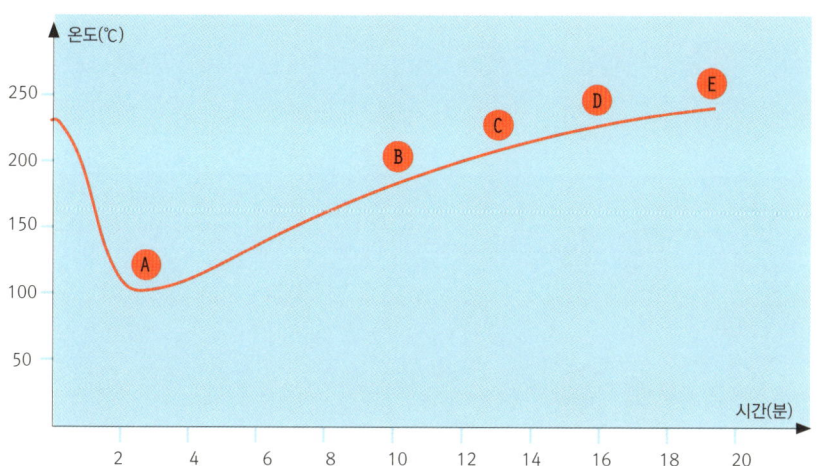

색깔을 믿을 수 있나

로스팅 정도를 규정하는 원두의 보편적인 색 기준은 존재하지 않는다. 좋은 방법은 전체 로스팅 시간을 고려하여 1차 크랙이 일어나는 시간을 설정하는 것이다.

로스팅과 카페인 비율

커피생두에 들어 있는 카페인 비율(아리비카종은 무게의 0.6~2%)은 로스팅 정도와 상관없이 거의 변하지 않는다(약 10% 손실).

그러나 로스팅을 할수록 커피 무게가 줄어들어(11~22%) 저절로 카페인 비율이 높아진다.

지금은 약 로스팅이 트렌드이다

커피생두가 어느 정도 볶아지면 커피 본래의 향이 로스팅 풍미(캐러멜, 연기, 쓴맛, 탄내)에 가려진다. 약 로스팅을 해야 커피 자체의 복합적인 향들을 지킬 수 있다.

로스터는 자신이 원하는 풍미들이 조화를 이루게 하는데, 예를 들어 폭넓은 향의 신맛이 더 강한 원두를 원한다면 보디가 가벼워지기 쉽다.

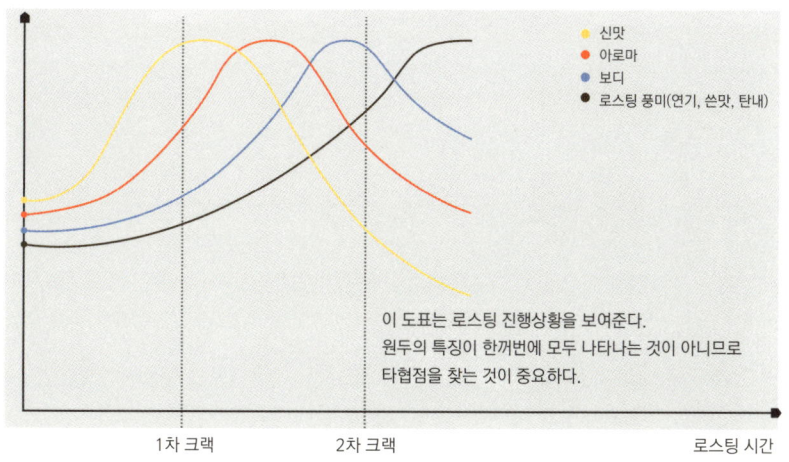

신맛을 좋아하는 사람들에게 유용한 정보

약 로스팅은 생두의 자연스러운 신맛이 강해진다. 열이 로스팅 과정에 40여 가지의 산(좋은 산으로 잘 알려진 폴리페놀류)을 대부분 파괴하여 퀸산과 카페산으로 분해되고, 떫은맛을 만든다. 시트르산과 말산 같은 대부분의 다른 유기산들은 약 로스팅에서 최대치가 되었다가 이후 점차 감소한다. 이것은 단시간에 약 로스팅해야 생두의 잠재된 신맛을 잘 살릴 수 있다는 것을 말해준다.

커피생두와 로스팅

로스팅 스타일

좋은 커피를 얻기 위한 로스팅 방법은 한 가지가 아니라 다양하다.
로스터는 커피생두의 로스팅 온도와 시간을 조절하여 각각의 커피에 맞게
맛과 향의 조화를 이룬다.

로스팅 프로필

각각의 커피생두는 테루아와 품종 그리고 재배와 처리방법 등으로 인해 잠재된 고유의 맛과 향을 갖고 있으며, 이런 잠재된 맛과 향을 끌어내는 것이 로스터의 역할이다. 로스팅을 가열시간과 화력으로만 규정하기에는 충분치 않다. 왜냐하면 로스팅은 단순히 볶는 것 그 이상으로, 로스팅 프로필이라 불리는 각 공정에서의 섬세한 온도 관리가 필요하기 때문이다. 로스터는 이러한 이력을 만들어가면서 커피의 다양한 특징(첫맛, 신맛, 향, 보디, 단맛, 끝맛 등)을 끌어낸다. 같은 커피생두로도 완전히 다른 커피를 만들 수 있다. 예를 들어, 하나는 신맛이 더 강하고, 다른 하나는 향신료향이 진하며 보디감 있게 만드는 것이다. 로스터는 자신의 방식으로 커피를 만들고 자신의 스타일을 새겨 넣는다.

겉모습만으로 판단하지 않는다

같은 색깔의 두 개의 로스팅 원두는 로스팅 프로필이 같을까? 아니다. 원두의 최종 색깔도, 동일한 시작온도와 종료온도도 로스팅 프로필을 규정하기에 충분하지 않고, 추출한 커피를 규정하기에는 더욱 더 부족하다. 원두의 색은 로스팅 완료시점을 알려줄 뿐이다. 로스팅 프로필은 로스팅을 마치기까지 지나온 과정으로, 로스팅 프로필에 따라 겉으로는 같아 보이지만 개성이 완전히 다른 커피가 된다.

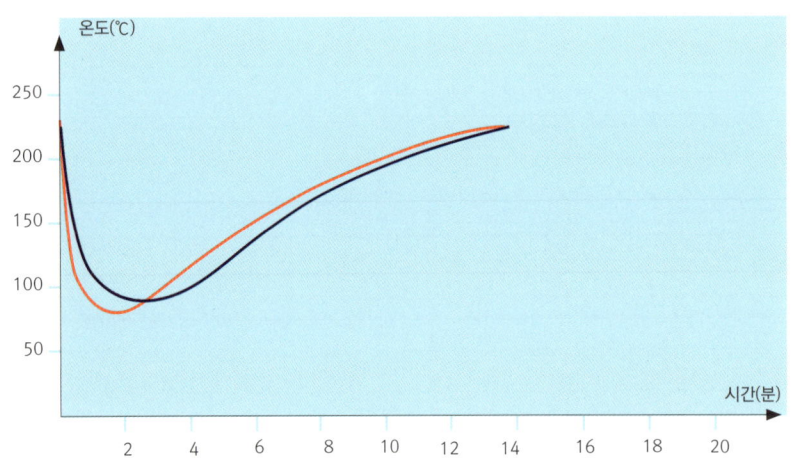

로스팅 프로필을 보여주는 2개의 곡선을 보면 시작온도와 종료온도가 같다. 그러나 같은 방법으로 추출한 두 커피의 맛은 다를 것이다.

어떤 로스팅 스타일을 선택할까?

어떤 커피생두는 추출방법에 따라 로스팅을 달리해야 하는 반면,
어떤 커피생두는 한 가지 방법으로만 로스팅해도 충분하다.

생두에 따라

생두 종류에 따라 더 잘 맞는 추출방법이 있다. 이 경우 로스터는 한 가지 방법의 로스팅만 제안한다. 따라서 바리스타는 선택한 커피원두에 맞춰 추출방법이 정해진다.

추출방법에 따라

추출방법은 맛의 밸런스를 좌우한다. 똑같은 원두라도 추출방법에 따라 필터커피에서는 3분 후 쓴맛이 나타나고, 에스프레소에서는 20~30초 추출 후에 신맛이 드러난다. 신맛과 쓴맛의 균형을 위해 많은 로스터들이 추출방법에 따라 로스팅 방법을 달리한다.

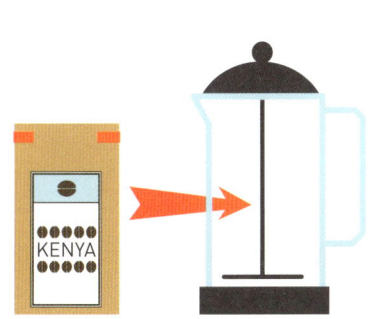

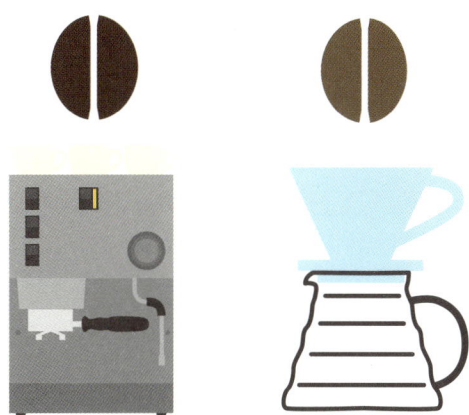

같은 커피생두이지만 추출방법에 따라 각기 알맞은 로스팅 스타일이 있다.

소비자에 따라

각 나라마다 마시고 로스팅하는 그들만의 관습이 있다. 예를 들어, 스칸디나비아 국가는 필터커피에 익숙하고, 약하게 로스팅한 원두를 사용한다. 반면에 지중해 연안 국가들은 에스프레소용으로 아주 강하게 볶은 원두를 사용한다. 이런 현상은 같은 나라 안에서도 볼 수 있다. 이탈리아 남부는 북부보다 더 색이 진한 원두를 사용한다.

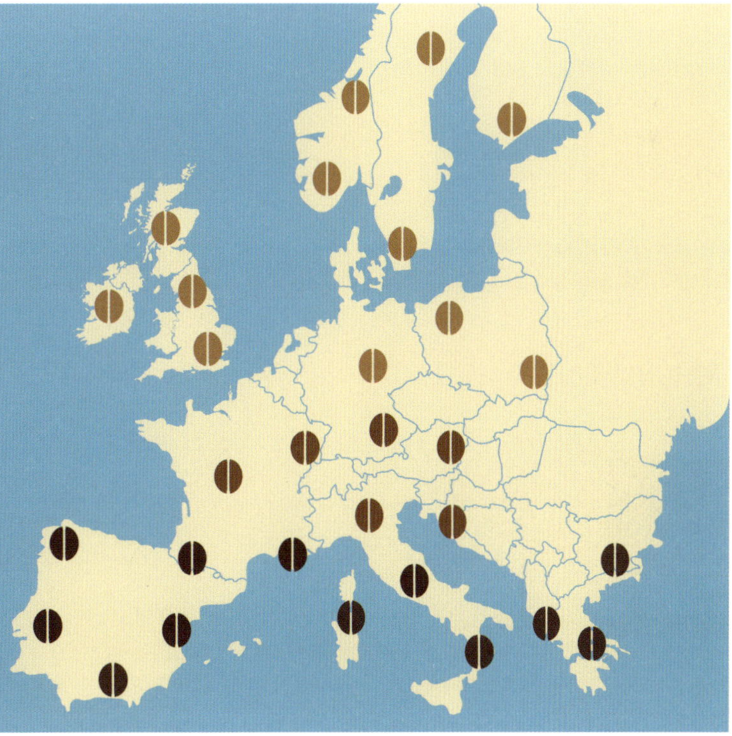

블렌딩 또는 싱글오리진

커피에는 두 종류가 있다. 하나는 같은 원산지에서 재배된 원두만 사용하는 싱글오리진 커피이고, 다른 하나는 여러 원산지에서 재배된 원두를 섞은 블렌딩 커피다.

싱글오리진

싱글오리진에 대한 정의는 여러 가지가 있다. 가장 일반적인 것은 단일 테루아, 예를 들어 한 농장의 특정 구획에서 수확한 커피콩이라는 정의이다. 넓게는 여러 농장에서 수확하여 한 세척장에서 정제한 커피콩을 싱글오리진이라고도 한다.

싱글오리진은 독특한 개성을 갖고 있어 커피에 대한 지식이 풍부한 커피마니아들이 열광한다. 이들은 커피원두를 통해 테루아(땅의 성질, 기후, 일조량 등)와 재배, 수확, 세척 등의 방법을 알아내고 평가한다.

최상의 싱글오리진도 좋지만…

몇몇 '순수주의자'들에게 싱글오리진은 하나의 테루아에서 수확하고, 동시에 단일 품종으로만 이루어져야 한다. 그러나 이런 극단적인 요구는 특히 지속 가능한 농업의 관점에서 논란의 여지가 있다. 왜냐하면 생산자 입장에서는 다양한 품종을 재배하는 것이 아주 중요한데, 자신의 재배지 고도에 따라 알맞은 품종을 고르고, 질병이나 기생충으로 총생산량이 감소할 위험을 줄이며, 여러 품종을 섞어 독특한 맛을 만들어낼 수도 있기 때문이다.

블렌딩

블렌딩은 여러 다른 산지(지역, 국가 등)에서 재배된 커피원두들의 배합이다. 커피회사 입장에서는 블렌딩이 아주 유용한데, 블렌딩으로 커피맛의 조화를 이루고 커피 비율을 조절하여 소비자들에게 지속적으로 안정된 커피맛을 제공할 수 있다. 뿐만 아니라 블렌딩에 사용한 각각의 커피보다 더 맛있는 커피를 만들 수도 있다.

발자크도 오지지널 블렌딩 커피를 만들었다

발자크가 쓴 『현대 자극제 개론(Traité des excitants modernes)』을 보면 그가 엄청난 커피마니아였음을 알 수 있다. 발자크는 파리에서 커피를 구입해 직접 블렌딩하였다. 발자크의 친구 레옹 고즐랑이 남긴 책을 보면 다음과 같은 구절이 있다. "부르봉은 몽블랑 가(현재 쇼세 당텡 가)에서 구입하였다. 마르티니크(Martinique)는 비에유-오드리에트 가에 있는 식료품점에서, 모카는 생제르맹 근처 위니베르시테 가의 식료품점에서 구입하였다."_ 레옹 고즐랑(Léon Gozlan), 『실내화 차림의 발자크(Balzac en Pantoufles)』

추출방식에 맞는 원두 제품을 고른다

에스프레소는 변화가 심한 추출방식이라 블렌딩 커피를 사용하는 것이 더 안전하다. 블렌딩 커피는 안정적이고 덜 까다로우며 작업하기 편해서 균형 잡힌 커피를 얻기 쉽다. 블렌딩 커피는 잘만 배합하면 커피의 특성들(브라질 커피의 감미로움, 에티오피아 커피의 신맛과 향)을 혼합하여 에스프레소 추출에서의 여러 문제점과 가정용 에스프레소머신의 불안정성을 보완해준다.

필터커피는 스페셜티커피의 섬세함을 더욱 돋보이게 한다. 따라서 이 추출법에 맞는 스페셜티커피는 주로 싱글오리진으로 만든다. 그럼에도 불구하고 보다 폭넓은 복합적인 향을 위해 이 추출법에 블렌딩 커피를 제안하는 로스터도 있다.

오리지널 블렌딩 커피

누구나 자신만의 블렌딩 커피를 만들 수 있다.
'목표를 정하고, 품종을 선택하며, 적절한 비율을 찾는다.' 이 3가지만 알면 된다.
나머지는 기호에 맞춰 배합하기만 하면 된다.

목표를 정한다

블렌딩하기 전에 먼저 추출방법(에스프레소, 카푸치노, 필터커피 등)과 원하는 커피 특성(복합적인 향, 보디감, 과일향, 밸런스 등)을 정한다.

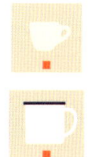

전문가를 위한 커핑

가장 전문가적인 방법은 커피를 평가하고 그 특색들을 알아보기 위해 커피를 하나하나 커핑하는 것이다 (p.124~125 참조).

원산지(품종)를 고른다

중앙아메리카 커피

코스타리카, 엘살바도르, 과테말라의 커피콩은 에스프레소용으로 아주 훌륭한 싱글오리진이다.
특징 복합적인 향과 신맛.
비율 훌륭한 원두는 블렌딩하지 않고 그 자체로 충분하다.
결과 여러 특성이 균형을 이룬 커피.

아시아 커피

특징 보디감(베트남산, 인도네시아산), 요오드 색조와 몬순 말라바르의 엄청난 크레마 같은 맛과 특성.

남아메리카 커피

에스프레소용 블렌딩 커피의 베이스로 좋다.
특징 감미로움, 보디, 깔끔함, 적당한 신맛, 비교적 중성적인 향 베이스.
비율 상당량(100% 사용하는 경우도 있다).
결과 누구나 좋아하고 쉽게 접할 수 있으며, 무엇보다도 추출이 쉬운 커피.

아프리카 커피

특징 과일향, 꽃향, 신맛(케냐산) 그리고 훌륭한 복합적인 향, 설득력 있음
결과 일부 탄자니아 커피에서 부분적으로 보디가 부족. 어떤 면에서는 과테말라 등의 중앙아메리카 커피가 연상된다.

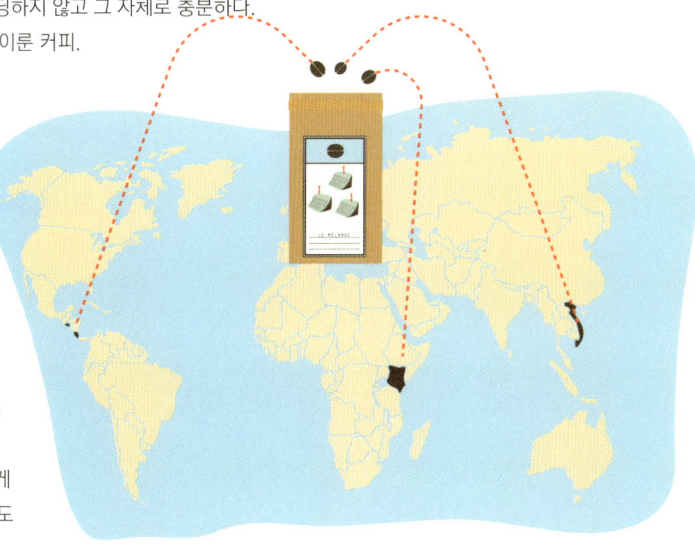

적절한 비율을 찾는다

블렌딩하는 커피 종류는 최대 3~4가지로 제한한다. 그 이상이면 각각의 특성이 희석되고, 블렌딩 커피의 개성이 없어진다.
처음에는 각 원산지를 같은 비율로 한다(원두가 2종이면 50% : 50%, 원두가 3종이면 33% : 33% : 33% 등).

- 하나의 원두가 다른 원두보다 특징이 너무 두드러진 경우
  → 그 원두 비율을 반으로 줄인다.
- 하나의 원두가 다른 원두보다 특징이 너무 약한 경우
  → 그 원두 비율을 2배로 늘린다.

블렌딩 예 브라질 50% : 과테말라 25% : 에티오피아 25%

포장지 라벨 읽는 법

커피는 대형매장에서부터 커피숍, 로스터리숍, 인터넷 전문 사이트까지 여러 곳에서 구입할 수 있다.
기호에 맞는 커피를 정확하게 구하기 위해서는 라벨 읽는 법을 알아둔다.

라벨을 바르게 읽는다

커피 포장에 있는 라벨은 좋은 커피를 고르는 데 필요한 정보들을 알려준다.

아로마 밸브
커피 포장의 열 봉인 바로 아래에 있다. 외부 공기를 완벽 차단하면서(산화 방지) 커피원두에서 나오는 이산화탄소를 내보내는 기능을 한다.

이력
원산지 국가, 지역, 생산자, 수확년도(해묵은 생두인 '패스트크롭'을 피할 수 있다. p.140 참조) 등을 밝혀둔다.

추출방법
테루아, 품종, 로스팅에 따라 커피를 에스프레소로 추출하는 것이 좋은지, 아니면 필터커피로 추출하는 것이 좋은지 그림으로 보여준다.

용량
프랑스에서는 250g이 표준이지만 300g, 500g, 1kg(주로 전문가용) 포장도 있다.

지퍼
어떤 포장은 지퍼가 있어서 다시 밀봉할 수 있으므로 보관하기 좋다.

커피이름
원산지, 세척장, 농장, 생산자, 재배지 등에 따라 붙인다.

부가 정보
고도, 품종, 정제 방식 등.

로스팅 날짜
커피는 신선 상품이다. 커피를 필터커피로 추출하려면 로스팅 후 5일, 에스프레소로 추출하려면 1주일 이상(가능하면 2~3주) 지나서 사용한다.

소비기한
최적사용기한과 유사한 이 표시는 단지 참고일 뿐이다. 더 오래 보관할 수도 있으므로 가장 좋은 것은 맛을 보는 것이다.

마케팅 함정에 주의한다

커피의 강도
다른 설명 없이 이 표시(숫자로 단계를 표시하거나 '진한', '부드러운' 등의 용어 사용)만 있는 경우 커피 풍미에 대한 유용한 정보라기보다는 마케팅에 불과하다. 커피의 강도는 원두의 양과 추출방식에 좌우된다. 대량공급하는 커피 포장지에 표시되어 있는 강도는 '로스팅 정도' 또는 '커피가루의 굵기(분쇄도)'달리 말해 쓴맛을 나타낸다.

100% 아라비카
좋은 커피는 반드시 아라비카종이다.

슬로 로스팅
확실히 슬로 로스팅이 플래시 로스팅보다 더 낫지만, 로스팅 프로필이 적절했는지는 알 수 없다. 프로필에 따라서는 12분 로스팅한 것이 18분 로스팅한 것보다 더 나을 수도 있다. 따라서 천천히 시간이 걸리는 슬로 로스팅이 반드시 품질이 좋다는 의미는 아니다.

스페셜티커피 구입

미리 갈아놓은 커피를 사면 품질도 보장할 수 없고 장기보관이 어려울 수도 있다.
스페셜티커피만이 알맞게 로스팅하여 신선한 커피를 만들 수 있다.

로스터리숍

로스터가 커피원두의 로스팅 날짜, 재배조건, 향 특성 그리고 가장 알맞은 추출법 등을 설명하고 조언하며, 고객이 원하는 굵기로 원두를 갈아준다.

좋은 로스터

1 커피를 사일로(저장고)나 이와 동일한 효과가 있는 용기에 담아 공기로부터 보호한다.
2 전시된 로스팅 커피원두가 밝은 밤색이라면 로스팅이 잘 되었다는 표시다.
3 원두의 신선도와 로스팅 프로필 관리를 보여주는 취급 원두목록이 너무 길지 않아야 한다(최대 15종).

피해야 할 로스터

1 커피 부대가 바닥에 널려 있거나 햇빛이 비치는 곳에 있다면 보관 상태가 좋지 않은 것이다. 따라서 보관기간이 짧다.
2 수확날짜가 오래되었다면 이는 '패스트크롭'이다.
3 로스팅한 원두의 색이 어둡고 커피오일의 광택이 보인다면 너무 강하게 로스팅하여 커피가 쓸 우려가 있다.

커피숍

바리스타는 로스터와 밀접하게 협력해서 일을 하고, 좋은 품질의 커피를 추천하며, 즉석에서 커피맛을 보여주기도 한다. 또한 커피를 직접 고르기 때문에 커피의 특징과 추천할만한 추출방법 등 다양한 정보를 제공한다. 궁금한 점이 있으면 물어보고 도움을 받도록 한다.

컵 오브 엑셀런스
(Cup of Excellence)

1999년 커피전문가들이 커피생산국, NGO(비정부기구)와 협력하여 만든 국가별 경기다. 국제심사위원의 심사를 거쳐 상을 받은 커피는 실시간으로 인터넷 경매에 올리고, 생산자는 명예를 얻는다. 컵 오브 엑셀런스의 평점은 소비자에게 질 좋고 균형 잡힌 커피를 보증한다.

가정에서의 원두 보관방법

커피생두는 섬세한 제품이라 보관이 어렵다. 로스팅 후에는 더욱 더 불안정하므로 커피향을 오래 잘 보관하려면 몇 가지 주의사항을 지킨다.

쉽게 상하지는 않지만 품질이 나빠진다

커피는 '쉽게 상하지 않는' 제품이다. 다시 말해서 소비기한을 반드시 표시해야 하는 '상하기 쉬운' 식품들은 그 기한을 넘기면 안 되지만, 커피는 최적사용기한이 지나서 먹어도 문제가 안 된다. 단, 커피의 풍미나 영양가는 떨어진다. 갈지 않은 통원두와 갈아놓은 원두 모두 보관방법은 같다. 그렇지만 갈아놓은 커피가루가 공기와의 접촉면이 더 넓고, 그라인딩 과정에 원두의 천연방부제인 이산화탄소(이산화탄소의 압력이 산소를 차단하여 산화를 막는다)가 사라져서 품질이 더 빨리 나빠진다.

커피가 싫어하는 것
- 고온
- 산소
- 습기
- 지나치게 건조한 상태
- 햇빛

보관장소

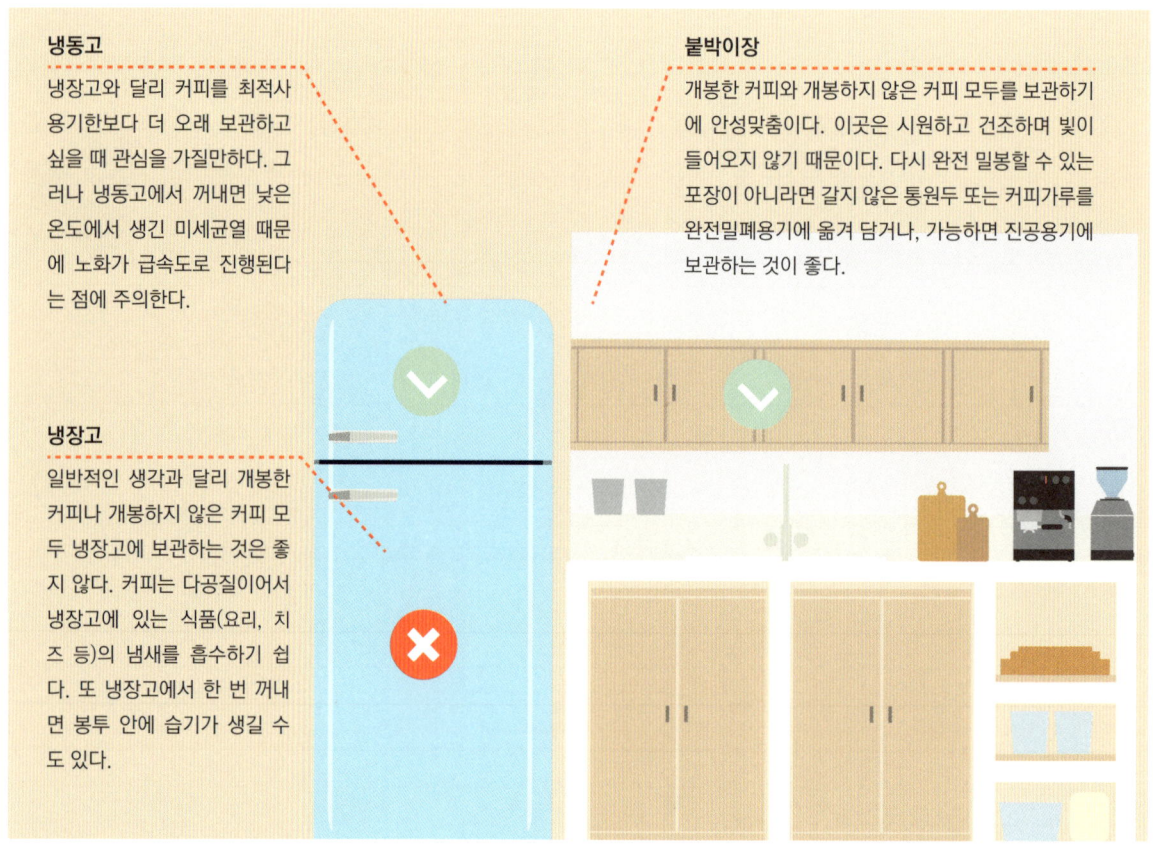

냉동고
냉장고와 달리 커피를 최적사용기한보다 더 오래 보관하고 싶을 때 관심을 가질만하다. 그러나 냉동고에서 꺼내면 낮은 온도에서 생긴 미세균열 때문에 노화가 급속도로 진행된다는 점에 주의한다.

냉장고
일반적인 생각과 달리 개봉한 커피나 개봉하지 않은 커피 모두 냉장고에 보관하는 것은 좋지 않다. 커피는 다공질이어서 냉장고에 있는 식품(요리, 치즈 등)의 냄새를 흡수하기 쉽다. 또 냉장고에서 한 번 꺼내면 봉투 안에 습기가 생길 수도 있다.

붙박이장
개봉한 커피와 개봉하지 않은 커피 모두를 보관하기에 안성맞춤이다. 이곳은 시원하고 건조하며 빛이 들어오지 않기 때문이다. 다시 완전 밀봉할 수 있는 포장이 아니라면 갈지 않은 통원두 또는 커피가루를 완전밀폐용기에 옮겨 담거나, 가능하면 진공용기에 보관하는 것이 좋다.

포장 종류

커피의 신선도를 가능하면 더 오래 유지하기 위해 커피 포장방법은 계속 발전해왔다.

크라프트지 또는 여러 겹의 종이로 만든 밀폐봉투

 장점
- 가장 간편하고 가장 저렴하다.

 단점
- 아로마 밸브가 없어서 가스를 자연스럽게 배출할 수 없다.
- 보관방법을 개선할 필요가 있다.

최적 사용기한: 정보 없음.

다시 완전 밀봉할 수 있는 지퍼와 아로마 밸브가 있는 밀폐봉투

 장점
- 보관능력이 뛰어나며, 다시 밀봉할 수 있다.

단점
- 비싸다.

최적 사용기한: 미개봉 상태로 3개월. 개봉하면 며칠만에 노화된다.

질소충전포장

 대규모의 로스터리숍이나 기업에서 사용한다.

 장점
- 보관능력이 가장 뛰어나다.
- 질소, 중성가스를 충전해 산소에 의한 산패를 막는다.
- 아로마 밸브가 있다.

 단점
- 로스터에게는 상당한 투자와 물류 비용이 필요하다.

 최적 사용기한: 최대 1년.

아로마 밸브가 있는 또는 없는 진공포장

 주로 기업에서 사용한다.

장점
- 확실한 보관.

단점
- 처리과정에서 일부 휘발성 향을 빨아들인다.
- 다시 밀봉할 수 없다.

 최적 사용기한: 미개봉 상태로 3개월. 개봉하면 며칠만에 노화된다.

커핑 (커피 테이스팅)

커피 한 로트의 품질과 균일함을 평가하기 위해 기업들은 표준화된 시음방법인 '커핑'을 시작하였다. 이는 다양한 커피의 특징을 알아보기 위한 방법으로 집에서 간단하게 놀이처럼 할 수 있다.

커핑이란

일정량의 커피가루를 침출시켜서 거르지 않고 평가하는 것으로, 다음과 같은 과정으로 이루어진다.

- 하나의 로트(lot, 같은 종류나 같은 상표의 한 덩어리를 의미하는 단위)에서 채취한 한 개 또는 여러 개의 샘플로 커피의 품질과 향 특징을 평가한다.
- 결점이 있는지 찾아낸다.
- 블렌딩한다.

이것은 커피생두 바이어들의 선별작업에서 빼놓을 수 없는 기본적인 방법이다.

필요한 도구와 변수

커피 관련 전문가들(생산자, 커피생두 바이어, 로스터)이 실효성 있는 평가를 하고 대화를 나누기 위해 커핑은 국제표준으로 규정된 추출 변수를 엄격히 따라야 한다.

200㎖ 용량의 커핑볼 또는 유리잔

커핑스푼
8~10㎖ 용량의 둥근 스푼으로, 열을 빨리 분산시키기 위해 은으로 만든다.

디지털저울
원두를 갈기 전에 12g씩 계량한다.

그라인더(분쇄기)

주전자
볼빅이나 몽칼므 등의 미네랄워터 200㎖를 92~95℃로 끓인다.

타이머
뜨거운 물에 커피를 4분 우린다.

커핑노트

커핑 방법

마른 커피가루 평가
일정량의 커피를 갈아 커피에서 나오는 휘발성 향(fragrance)을 맡는다. '기분 좋은 향이 나는가, 향이 무엇을 생각나게 하는가'를 평가한다. 이 과정은 짧은데, 휘발성 향들을 붙잡아둘 수 없기 때문이다. 다음 샘플을 갈 때는 먼저 적당량을 갈아서 그라인더에 남아 있는 원두를 제거한다.

젖은 커피가루 평가
커피가루에 뜨거운 물을 붓고 타이머를 작동시킨다. 커피가루가 표면으로 떠오르며 막이 생기면 커피 아로마가 드러나도록 4분 동안 물에 잠긴 상태로 그대로 둔다.

커핑스푼 등으로 막을 깨트리고 3회 젓는다. 이때 코를 커핑볼 바로 위에 대고 먼저 막이 간직하고 있던 가스를 들이마신다.

커피가루는 일부가 볼 바닥에 가라앉고 표면에 남아 있는데, 표면에 남아 있는 커피가루를 커핑스푼으로 밀어내고 시음한다. 스푼은 매번 물잔에 담아놓은 물로 헹구며, 특히 다른 종류의 커피를 시음할 때는 스푼에 커피가루가 남아 있지 않도록 깨끗이 헹군다.

커핑노트
모든 음료 평가와 마찬가지로 시음을 하고 느낀 인상과 향이나 맛 등을 적는 것이 중요하다. 다소 차이는 있으나 형식은 다음과 같다.

커피가 식을 때까지 여러 다른 온도에서 마시고 평가한다
커핑스푼으로 커피를 조금 떠서 세게 들이마시고, 혀 전체에 향이 고루 퍼지게 하여 비후각을 통해 향을 더 잘 느끼도록 한다. 향뿐만 아니라 입에서 느껴지는 촉감도 평가한다. 커피가 진하고 크리미한가 또는 반대로 물이 많아 차와 비슷한가, 입안에 남는 여운(뒷맛)은 기분 좋은가, 여운이 지속적인가 아니면 바로 사라지는가 등도 평가한다.

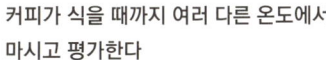

커피 테이스터스 플레이버 휠
(COFFEE TASTER'S FLAVOR WHEEL)

커피의 맛과 향을 평가하는 기준이 되는 도표. 이것만 사용하거나, 또는 월드커피리서치(WCR)에서 정리한 보편적 어휘의 『WRC 감각사전(Sensory Lexicon)』과 연계해서 사용할 수도 있다. 『WRC 감각사전』은 각각의 향과 맛, 강도 그리고 그 향과 맛을 최대한 가깝게 재현해내는 레시피 등을 자세히 설명하였다.

커피 테이스터스 플레이버 휠(COFFEE TASTER'S FLAVOR WHEEL) 127

디카페인 커피

커피의 주요 속성 중 하나는 뇌를 자극하여 각성시키는 것인데, 이것이 사람에 따라서는 해로울 수도 있다.
이 문제를 해결하기 위해 커피원두에서 카페인을 제거하기 위한 다양한 방법이 개발되었다.

원리

1819년 독일의 화학자 프리들리프 페르디난트 룽게(Friedlieb Ferdinand Runge)가 카페인을 발견하였다. 19세기 말에는 커피의 다른 성분은 그대로 두고 카페인만 제거하여 그 효과를 제한하려는 연구들이 진행되었다. 마침내 1903년 커피 판매업자인 루드비히 로젤리우스(Ludwig Roselius)가 최초로 카페인 제거에 성공하였으며 점차 진화되었다. 이 방법들은 모두 커피생두에 적용하는 것으로 다음에 로스팅 과정이 남아 있는데, 이 과정에서 향이 변할 수도 있다.

알고 있나요?

유럽에서 법으로 허용하는 카페인 함유량은 커피원두의 0.1%, 인스턴트커피의 0.3%이다.

화학용매를 이용한 디카페인 커피(또는 전통적 방법)

용매를 사용하는 방법은 2가지다.

직접적 방법

1 커피생두를 증기 또는 뜨거운 물에 적셔 미세구멍을 연다.

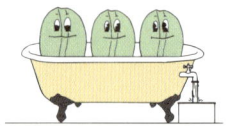

2 용매를 부어 카페인을 제거한다.

3 생두를 세척하여 남아 있는 용매를 최대한 씻어낸다.

4 생두를 건조하여 로스팅할 수 있게 한다.

간접적 방법

커피생두가 용매와 직접 만나지 않는다.

1 커피생두를 뜨거운 물에 담가 생두에 들어 있는 모든 수용성 성분을 추출한다.

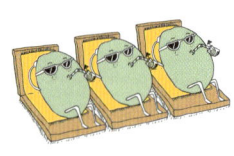

2 생두를 건져내고 성분이 녹아 있는 물만 카페인을 흡착할 용매가 들어 있는 용기에 붓는다.

3 물을 끓여서 카페인을 흡착한 용매를 증발시킨다.

4 커피생두를 다시 카페인을 제거한 물에 담가 첫 번째 단계에서 추출한 성분을 모두 흡수시킨다.

물 또는 스위스워터프로세스를 이용한 디카페인 커피

이 방법은 화학용매를 사용하지 않는다. 1933년에 개발되어 80년대에 상업화되었으며, 스위스워터프로세스(SWP, Swiss Water Process)라는 상표로 등록되었다.

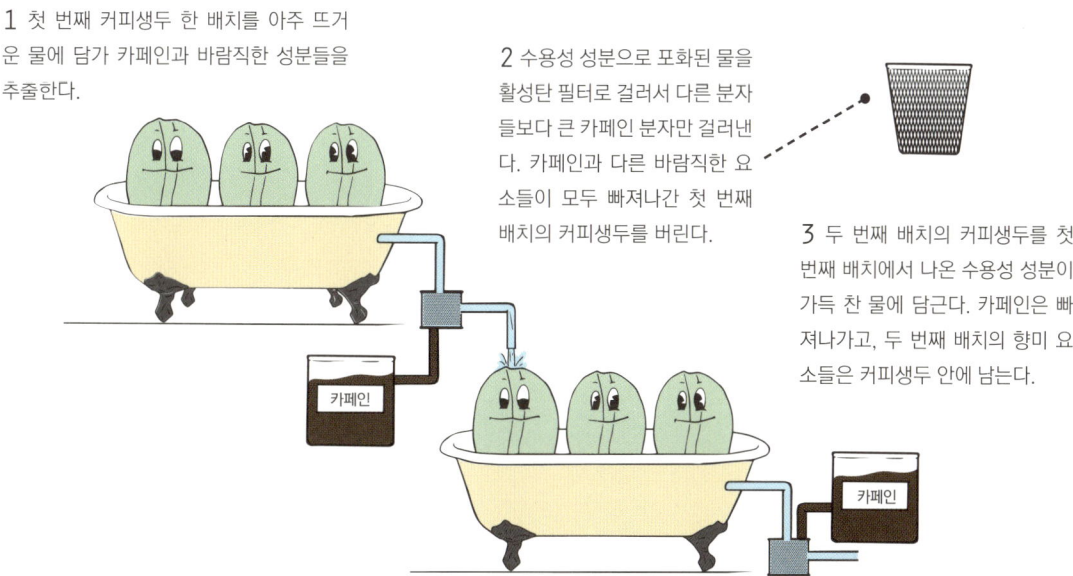

1 첫 번째 커피생두 한 배치를 아주 뜨거운 물에 담가 카페인과 바람직한 성분들을 추출한다.

2 수용성 성분으로 포화된 물을 활성탄 필터로 걸러서 다른 분자들보다 큰 카페인 분자만 걸러낸다. 카페인과 다른 바람직한 요소들이 모두 빠져나간 첫 번째 배치의 커피생두를 버린다.

3 두 번째 배치의 커피생두를 첫 번째 배치에서 나온 수용성 성분이 가득 찬 물에 담근다. 카페인은 빠져나가고, 두 번째 배치의 향미 요소들은 커피생두 안에 남는다.

4 물을 다시 여과시켜 카페인만 제거하고 세 번째 배치를 넣는다. 두 번째 배치의 생두를 말린다.

이산화탄소를 이용한 디카페인 커피

가장 최근의 방법으로 이산화탄소를 이용한다. 온도가 31℃이고 200기압의 고압상태인 이산화탄소는 거의 물과 유사한 상태가 되는데, 이를 초임계 이산화탄소라고 한다.

1 먼저 커피생두를 용기에 넣고 물로 적신다.

2 초임계 이산화탄소를 넣어 카페인을 제거한다. 여러 번 하면 다른 방법보다 효과적으로 카페인만 제거할 수 있다.

3 카페인과 결합한 이산화탄소는 다른 용기로 흘러가 낮은 기압에서 기화상태가 된다. 이렇게 분리시킨 카페인을 회수한다.

4 카페인을 제거한 생두를 말린다.

CHAPTER 4

커피재배
CULTIVER

커 피 재 배

음료가 되기 전의 커피는 커피나무 열매에서 나온 씨앗이다.
카카오와 같은 열대작물로 일부 지역에서만 재배된다.

커피열매

커피생두는 커피열매 속의 씨앗이다. 씨앗은 일반적으로 2개가 들어있으나, 때로는 1개가 들어있다. 이를 '피베리(peaberry)' 또는 '카라콜리(caracoli)'라 한다. 씨앗이 전혀 들어 있지 않거나, 2개 이상 들어 있는 것도 있다. 커피열매는 처음에는 녹색이지만, 익으면 품종에 따라 붉은색이나 노란색 또는 오렌지색이 된다.

커피의 역사

몇몇 가설은 커피의 기원을 고대 아비시니아 왕국시대의 에티오피아 고원지대에서 찾는다. 커피나무를 발견한 시기를 정확히 알 수는 없지만 에티오피아인들은 커피열매의 과육에서 즙을 추출했던 것으로 추정된다. 또 다른 자료에 따르면 커피가 10세기에 홍해를 건너 음주가 금지되었던 아랍 이슬람세계에 전파되었고, 각성효과 때문에 크게 호응을 얻었다. 이후 15세기에 오스만왕국, 17세기에는 유럽으로 전해졌다.

파치먼트

커피열매 속의 씨앗을 감싸고 있는 단단한 내과피로 커피콩을 보호하는 역할을 한다.

펙틴층

파치먼트에 붙어 있는 과육의 끈끈한 점액질 부분.

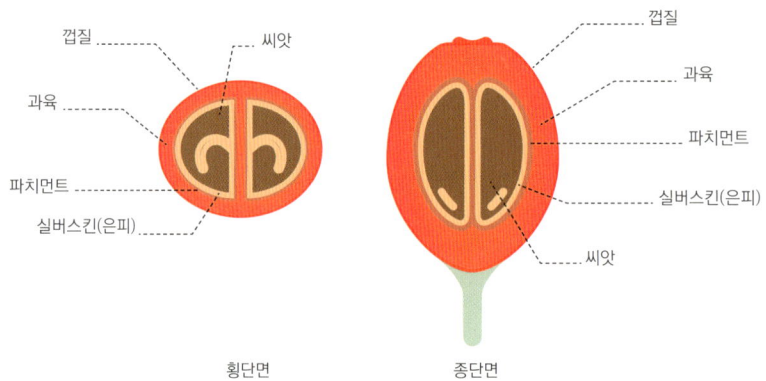

횡단면 / 종단면

아주 적은 생산량

커피나무 1그루는 1년에 커피열매 1.4~2.5kg을 생산한다(품종에 따라서는 더 많이 생산하는 것도 있다). 여기에서 생두 266~475g이 나오고, 로스팅한 커피 204~365g을 만든다. 마지막에 남는 원두는 아주 적은 양으로 250g 한 봉지도 안 될 때도 있다.

커피나무 1그루
=
1.4kg < 커피열매 / 년 < 2.5kg
=
204g < 로스팅한 원두 < 365g

아라비카종의 재배조건

아라비카종은 북회귀선과 남회귀선 사이의 열대지역에서 재배된다.

아열대지역
고도 600~1,200m에서 커피가 재배된다. 우기와 건기가 뚜렷해서 1년에 한 번 수확한다.

열대지역
고도 1,200~2,400m에서 커피가 재배된다. 비가 자주 오고 일년 내내 꽃이 펴서 1년에 두 번 수확이 가능하다. 강우량이 많은 시기에 첫 번째 수확을 하고, 강우량이 적은 시기에 두 번째 수확을 하는데 수확량이 석나.

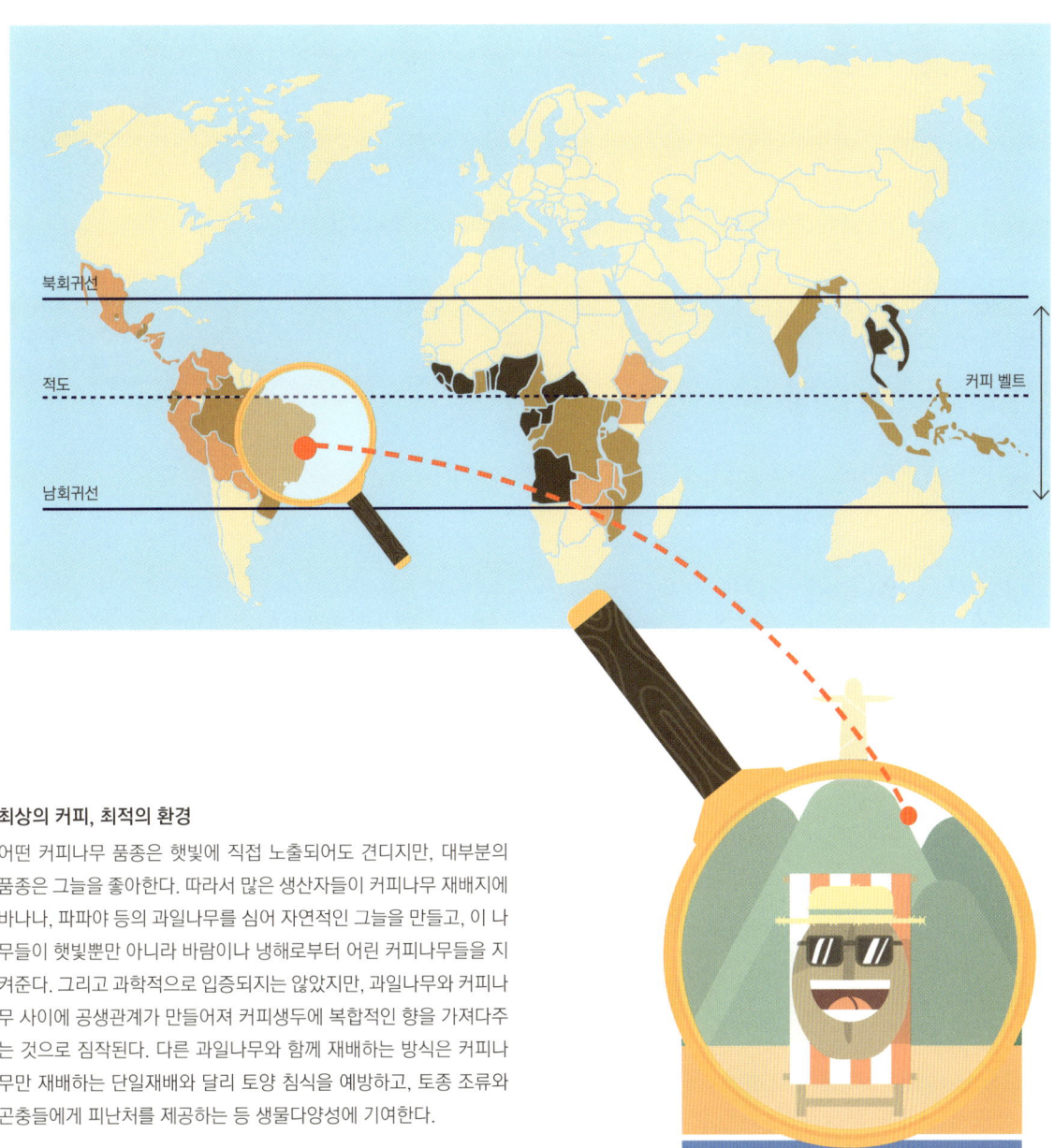

최상의 커피, 최적의 환경
어떤 커피나무 품종은 햇빛에 직접 노출되어도 견디지만, 대부분의 품종은 그늘을 좋아한다. 따라서 많은 생산자들이 커피나무 재배지에 바나나, 파파야 등의 과일나무를 심어 자연적인 그늘을 만들고, 이 나무들이 햇빛뿐만 아니라 바람이나 냉해로부터 어린 커피나무들을 지켜준다. 그리고 과학적으로 입증되지는 않았지만, 과일나무와 커피나무 사이에 공생관계가 만들어져 커피생두에 복합적인 향을 가져다주는 것으로 짐작된다. 다른 과일나무와 함께 재배하는 방식은 커피나무만 재배하는 단일재배와 달리 토양 침식을 예방하고, 토종 조류와 곤충들에게 피난처를 제공하는 등 생물다양성에 기여한다.

커피나무의 라이프사이클

커피 재배를 처음 시작하는 생산자들에게는 참을성이 필요하다.
커피나무가 첫 번째 열매를 맺으려면 최소 3년, 때로는 5년을 기다려야 하기 때문이다.

씨 뿌린 첫날 · 3~4주 · 7~8주 · 10~12주

씨앗에서 열매까지

커피나무 씨앗이 발아하려면 3~4주가 걸린다. 뿌리가 나오고 다시 3~4주가 지나면 끝부분이 파치먼트로 덮여 있는 줄기가 땅을 뚫고 나온다. 10~12주가 지나면 파치먼트가 떨어져나가고, 줄기 마디마다 잎이 2장씩 마주 보며 나와 점차 진한 초록색이 된다. 커피나무가 첫 번째 열매를 맺으려면 3~5년이 걸린다.

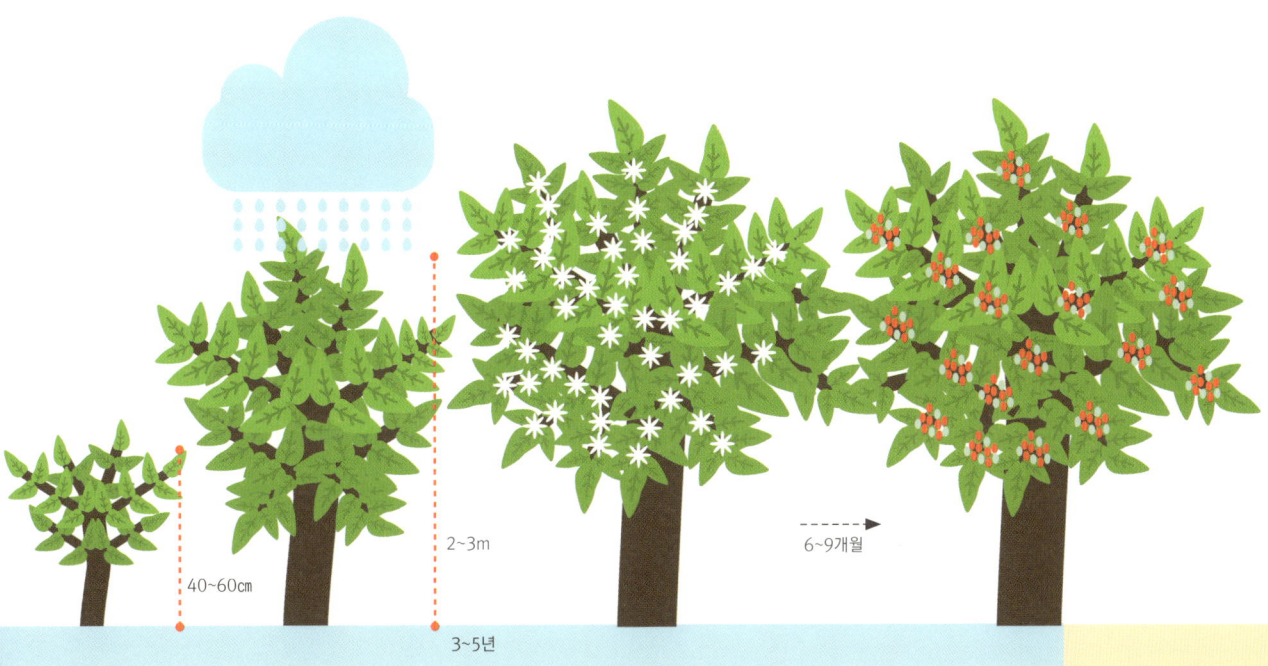

40~60cm
2~3m
3~5년
6~9개월

개화

비온 후 꽃이 피고, 열매가 익어 수확하기까지 6~9개월이 걸린다. 초기에 비가 불규칙하게 오면 열매가 같은 속도로 익지 않기 때문에 같은 가지에서도 붉은 열매와 녹색 열매가 같이 있을 수 있다. 그래서 붉은색의 익은 열매를 모두 수확하기 위해서는 손으로 채취하는 작업을 여러 번 되풀이해야 한다.

하나의 가지에 달린 열매들도 익은 정도가 각기 다르다.

씨앗은 보관기간이 짧을수록 좋다

커피나무 씨앗은 시간이 지날수록 발아율이 낮아진다. 씨앗 보관기간이 3개월 미만이면 95%, 3개월이면 75%, 9개월이면 25%가 발아하며, 15개월이 지나면 전혀 발아하지 않는다. 진공포장하여 15℃로 보관하면 6개월까지 최고의 발아력을 유지시킬 수 있다.

커피나무의 라이프사이클

커피 재배에 필요한 기본 정보

앞에서 살펴본 커피나무의 라이프사이클은 조금 원론적이다.
실제 커피 재배로 들어가면 더 자세히 알아야 할 것이 많다.

묘목의 번식

커피나무의 묘목 번식방법으로는 꺾꽂이와 씨뿌리기가 있다.

꺾꽂이

꺾꽂이는 커피나무에서 표본을 채취하여(잎이 2장 있는 가지 윗부분을 자른다) 심는 것이다. 꺾꽂이 가지에 새잎이 나고 뿌리가 나오면 자리를 잡고 씨를 뿌린 것처럼 자란다. 꺾꽂이는 복제이므로 이 묘목들은 가지를 가져온 원래 묘목과 유전적으로 동일하다.

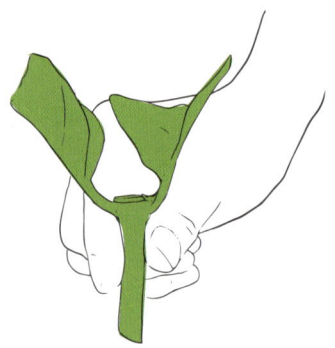

커피나무의 꺾꽂이??

씨뿌리기

씨뿌리기를 하려면 최적의 발아조건을 만들기 위해 잘 익은 커피열매를 선별하여 과육을 벗기고, 짧은 시간(10시간 미만) 발효시킨다. 이 씨앗들을 말려서 심기 좋게 습기를 제거한 후, 커피나무가 자라기에 좋은(잘 부서지고 가볍고 기름진) 부식토를 넣은 용기 흔히 폴리백에 심는다.

묘포

일반적으로 씨뿌리기와 꺾꽂이는 재배지에서 바로 키우는 것이 아니라, 잘 관리되고 보호되는 환경(온실, 그늘, 관개)의 묘포에서 키운다. 묘목이 40~60cm 크기로 자라고 10여 쌍의 잎이 나오면 들판에 옮겨 심어 키운다.

커피농장의 묘포

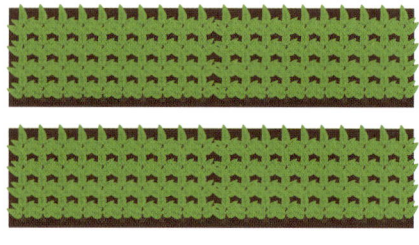 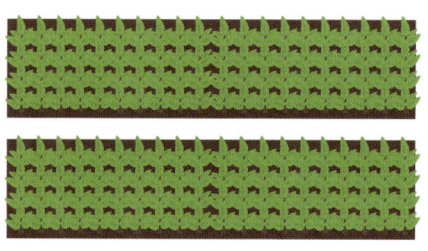 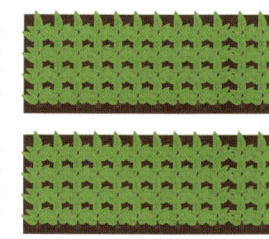

> **꽃가루받이는 어떻게?**
>
> 아라비카 커피는 제꽃가루받이(자가수분)의 작은떨기나무로, 주로 바람에 의해 꽃가루받이가 이루어진다. 곤충의 역할은 아주 적다(5~10%).

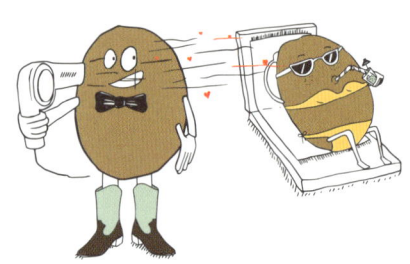

고도에 따른 커피맛

높은 고도의 선선한 기후에서는 열매가 천천히 익고, 그 결과 씨앗이 더 단단해진다. 간단하게 말해서, 커피를 높은 고도에 심을수록 더 뚜렷한 신맛과 더 진한 향이 발달하고 더 좋은 맛을 내는 경향이 있다.

고도가 향에 미치는 영향

1,500~2,000m : 꽃향, 향신료향, 과일향, 신맛, 복합적인 향 증가.
1,200~1,500m : 신맛이 발달하고 향이 풍부해진다.
1,000~1,200m : 약간의 신맛, 무난한 맛.
800~1,000m : 신맛이 없고 복합적인 향이 거의 없다.

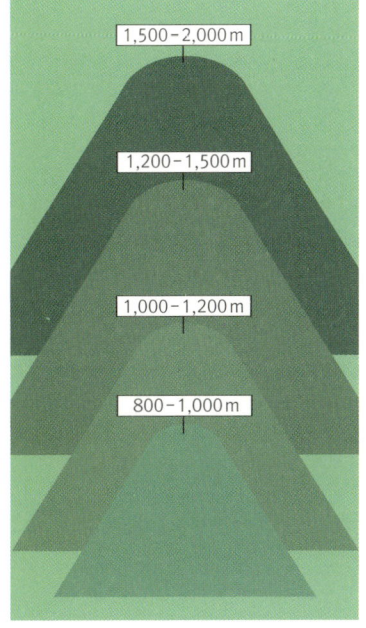

유기농 커피 재배

커피생산국가에서 유기농법을 실천하는 경우가 드문데, 이는 농약을 사용하는 것이 오히려 법 규범에 맞기 때문이다. 안타깝지만 유기농법은 맛에 좋은 영향을 주는 것도 아니어서 반드시 유기농법으로 바꿔야 할 이유가 되지 못한다. 그럼에도 불구하고 에티오피아 같은 몇몇 국가의 소규모 생산자들이 유기농법을 실천하고 있는데, 이는 비료가 너무 비싸서 사용하지 못하기 때문이다. 그러나 유기농 인증을 받지는 못한다. 세계 최대 커피생산국인 브라질에서는 파젠다 암비엔탈 포르탈레자(Fazenda Ambiental Fortaleza) 등의 일부 생산자들이 유기농법으로 커피를 재배한다.

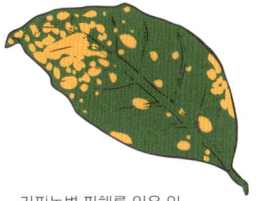

커피나무 천적

아라비카 커피는 자연으로부터 많은 공격(박테리아, 해충 등)을 받을 수 있는데, 최대의 적이 커피녹병(*Hemileia vastatrix*)과 커피베리보러(*Hypothenemus hampei*, 커피열매 천공벌레)이다.

커피녹병

19세기 스리랑카에서 발견된 커피녹병은 오늘날 거의 모든 커피생산국가에서 나타난다. 우기에 잎을 공격하고 광합성 활동을 방해하여 결국에는 잎이 떨어져버린다. 커피나무가 쇠약해져 성장을 멈출 수도 있다. 수확에 막대한 지장을 주는 이 질병과 싸우기 위해 사람들은 저항력이 더 강한 교배종을 개발한다.

커피녹병 피해를 입은 잎

커피베리보러

크기가 작은 딱정벌레(암컷은 길이 2.5㎜, 수컷은 1.5㎜). 아프리카에서 처음 발견되었으나 오늘날은 대부분의 커피생산국가에서 발견된다. 암컷이 아직 익지 않은 푸른 커피열매 속에 터널을 뚫고 들어가 알을 낳으면, 유충이 열매 속 씨앗을 먹고 자란다.

커피베리보러

커피 품종

수세기동안 커피, 더 정확히는 아라비카종을 재배해오면서 다양한 품종이 개발되었다. 수익성이 있고 맛도 좋은 커피를 얻기 위해서는 각각의 품종을 정확하게 파악하고 테루아에 따른 품종들의 잠재력을 연구하는 것이 중요하다.

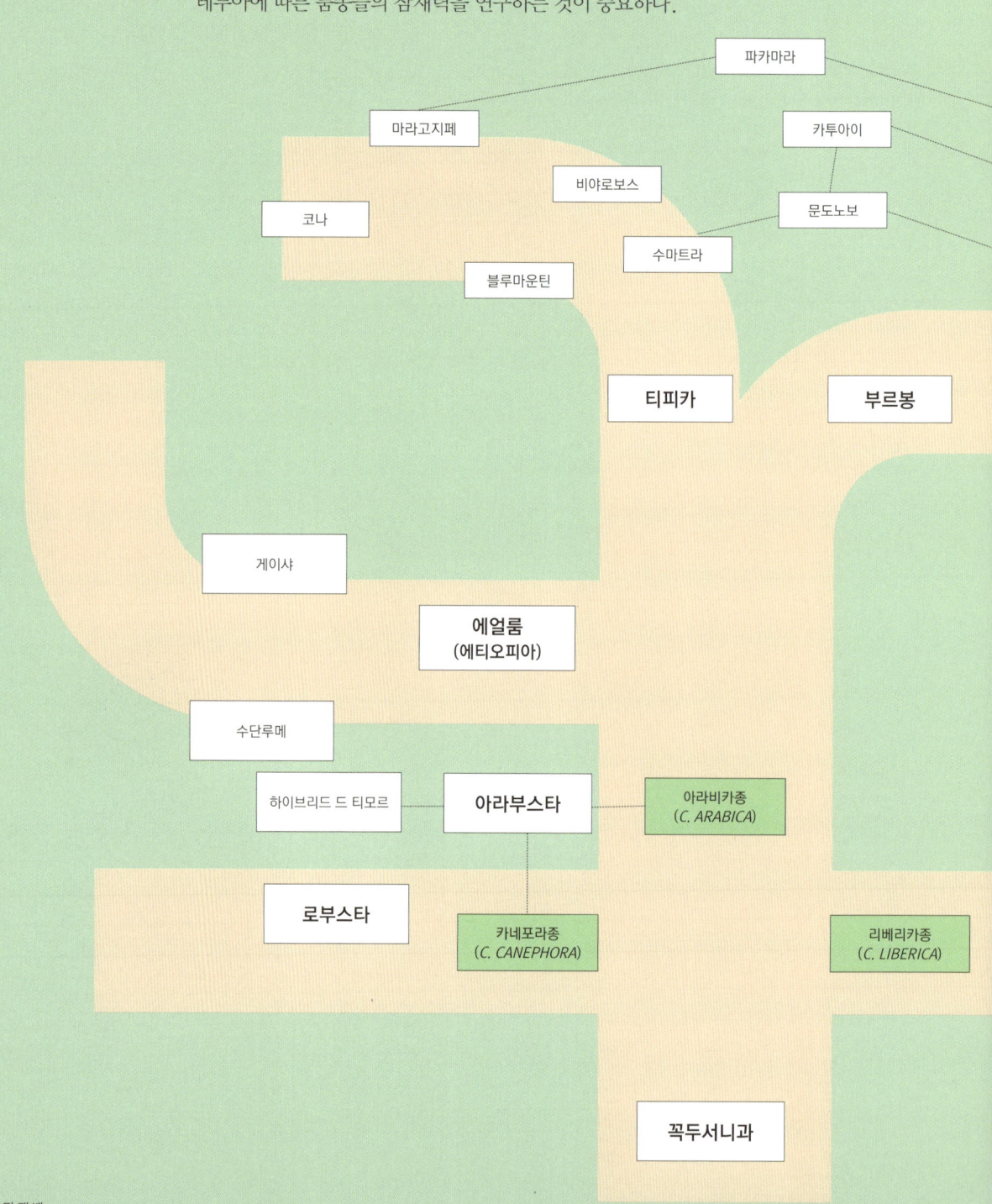

품종이란

품종은 식물 분류학상 종보다 하위 단위이다. 코페아 아라비카(Coffea arabica, 아라비카종)와 코페아 카네포라(Coffea canephora, 로부스타종)는 커피나무의 2가지 종이다. 아라비카종에는 티피카 등의 원품종이 있고, 그 하위 그룹으로 원품종과 열매의 형태나 크기 등이 다른 다양한 품종이 있다. 이런 다양한 품종들은 돌연변이나 교배로 생긴다.

돌연변이

돌연변이는 원품종(묘목, 잎, 열매의 크기 그리고/또는 형태)과 비교해서 형태가 변형된 것을 말한다. 돌연변이 묘목이 일단 씨앗을 뿌려 자란 후에도 계속 새로운 특성을 갖는다면 새로운 품종으로 간주된다.

교배

교배는 두 품종간의 교잡이며, 자연교배와 인공교배가 있다.

잘 알려진 교배종

이카투 = [(아라비카+로부스타)+문도누보]+카투아이
카티모르 = 카투라+하이브리드 드 티모르
사르치모르 = 비야사르치+하이브리드 드 티모르
루이루 11 = 수단루메+하이브리드 드 티모르+SL 28+SL 34

로부스타의 사례

사실 로부스타는 정확히 말해 커피나무의 종이 아니라 코페아 카네포라종의 품종이다. 그런데 일반적으로 코페아 카네포라종 = 로부스타종으로 보는 것은 로부스타가 카네포라종의 원품종이고, 카네포라종에 속하는 쿠이루(Kouillou), 코닐론(Conilon), 지메(Gime), 니아울리(Niaouli) 4가지 품종들 중에서 가장 많이 재배되기 때문이다.

특별한 교배종 '하이브리드 드 티모르'

아라부스타(Arabusta) 계열은 코페아 카네포라종과 코페아 아라비카종을 교배한 결과이다. 이 계열을 대표하는 가장 중요하고 일반적인 교배종이 하이브리드 드 티모르(Hibrido de Timor)이다. 이 교배종은 병충해에 강하고 맛도 훌륭하기 때문에 다른 품종과의 교배에 자주 이용된다.

리베리카

커피생두의 제철과 신선도

커피생두를 신선식품이나 계절작물로 생각하기는 쉽지 않다. 멀리 다른 나라에서 오고, 열매를 수확하여 로스터의 공방에 오기까지 여러 작업을 거치기 때문이다. 그럼에도 제철과 신선도는 스페셜티커피 평가에서 절대적으로 중요한 기준이 된다.

계절작물

커피를 아열대지역에서 재배하느냐, 열대지역에서 재배하느냐에 따라 한 해에 한 번 또는 두 번(주가 되는 첫 번째 수확과 수확량이 감소하는 두 번째 수확) 수확한다. 수확기간은 나라에 따라 긴 곳도 있지만 일 년 내내는 아니다. 따라서 다른 농산물들과 마찬가지로 커피에도 제철이 있다. 제철이 언제인지 알고 보다 잘 선택하려면 여러 커피생산국가의 수확 캘린더를 참조한다 (다음 페이지의 〈수확 캘린더〉 참조).

> **커피는 빈티지가 없다**
> 와인과 달리 커피에는 빈티지가 없다. 제철작물로 요리를 하는 셰프처럼 스페셜티커피 로스터도 '제철 커피'로 작업한다.

신선도

후각과 미각을 자극하는 커피의 향미 특성이 유지되는 최적기간은 커피생두의 신선도에 따라 다르다. 이 기간은 몇 개월이거나, 경우에 따라서는 1년이 된다. 완전 밀폐되도록 진공포장하여 냉동저장하면 생두를 좀 더 오래 신선하게 보관할 수 있다. 그러나 이 방법에도 한계가 있다. 추가비용이 들고, 해동하면 신선도가 급속히 떨어진다.

> **커피 포장에 표시되어 있는 수확일**
> 로스팅 날짜는 흔히 커피 포장에 표시하지만, 수확일은 아직 반드시 표시하지는 않는다. 주저하지 말고 로스터에게 물어보자.

패스트크롭과 올드크롭

'패스트크롭(Past Crop)'은 수확한 지 1년 이상 된 묵은 커피생두를 가리킨다. 이미 라이프사이클에서 질이 떨어지는 단계로 들어서서 커피의 맛과 향을 잃을 수도 있다. 또한 생두에 들어 있는 지질이 산패되고, 수분 함유율(약 11%)이 내려가는데 보관상태가 나쁘면 올라가기도 한다. 따라서 커피에서 아주 진한 나무냄새가 나고, 신맛이 줄어들며, 마대를 연상시키는 냄새가 난다. 이런 향미 프로필을 가진 생두를 '올드크롭(Old Crop)'(p.46 참조)이라 하기도 한다. 원산지 국가에서의 건조 및 저장 조건, 그리고 운송과 로스팅 이전의 저장 조건 등이 나쁘면 그 해에 수확한 커피생두도 '올드크롭'이 될 수 있다.

수확 캘린더

생산국가에 따라 1년에 한 번 또는 두 번 수확한다.
각 생산국의 커피 재배에 대해서는 p.148부터 자세히 설명하였으므로 참조한다.

국가	1월	2월	3월	4월	5월	6월	7월	8월	9월	10월	11월	12월
볼리비아							●	●	●	●		
브라질					●	●	●	●				
부룬디			●	●	●	●						
콜롬비아	●	●	●	●	●	●	●	●	●	●	●	●
코스타리카	●	●	●								●	●
엘살바도르	●	●	●								●	●
에콰도르					●	●	●	●	●	●		
에티오피아	●	●									●	●
과테말라	●	●	●								●	●
하와이									●	●		
온두라스	●	●	●	●							●	●
인도	●	●										
인도네시아(술라웨시)	●	●	●	●	●					●	●	●
인도네시아(수마트라)	●	●	●								●	●
자메이카	●	●	●						●	●	●	●
케냐	●	●	●								●	●
레위니옹	●	●	●							●	●	
멕시코	●	●	●	●							●	●
니카라과	●	●	●								●	●
파나마	●	●	●								●	●
페루							●	●	●			
르완다			●	●	●	●	●					

전통적인 커피 정제법

잘 익은 커피열매를 수확하며 이제 커피생두를 추출하기 위해 정제해야 한다.
정제방식은 커피의 향미 프로필에 크게 영향을 미친다.

커피 수확

커피열매는 주로 손으로 수확한다(핸드피킹). 상처가 없는 익은 열매(품종에 따라 빨간색 또는 노란색)만 수확하고, 너무 익었거나 덜 익은 열매(갈색 또는 녹색)는 남겨놓는다. 열매가 동시에 모두 익지 않기 때문에 여러 번에 걸쳐 좋은 열매를 선별하여 수확해야 한다. 수확하는 사람들은 일반적으로 무게에 따라 임금을 받는데, 하루에 50~120㎏의 열매를 수확한다. 손으로 수확하는 또 다른 방식은, 한 가지에 달린 열매를 손으로 한 번에 훑는 것이다. 이것은 질보다 양과 속도를 우선하는 방법이다.

기계 수확은 커피나무 가지를 흔들어서 익은 열매만 떨어트리도록 설계된 기계를 이용한다. 이 방법은 열매가 쉽게 떨어지는 아라비카종에 적합하다. 하지만 고도가 높지 않고 경사가 가파르지 않은 농장에서만 기계를 사용할 수 있다. 열매는 수확 후 8시간 이내에 정제한다. 그 이상 지나면 발효가 일어나서 '악취 나는 열매'가 될 수 있다.

손으로 익은 열매부터 수확한다. 파란 것은 익기를 기다린다.

건식법 : 내추럴 커피(Natural Coffee)

전통적인 커피 정제방식으로 워시드 커피(Washed Coffee)와 달리 커피열매를 그대로 자연 건조한다.

지역
건기가 뚜렷한 지역(브라질, 에티오피아, 파나마, 코스타리카).

기간
10~30일.

원리
콘크리트 바닥이나 이보다 나은 '아프리칸 베드(지면보다 높게 만든 아프리카 방식의 건조대)' 위에 커피열매를 열매 2개 정도의 두께로 일정하게 펴서 널고, 통풍이 잘 되고 골고루 발효되도록 규칙적으로 뒤집어준다. 밤에는 습기를 흡수하지 않도록 덮어둔다. 신선한 열매의 수분 함유율은 건조과정에 70%에서 15~30%로, 이어서 10~12%(생두 저장에 이상적인 수분 함유율)까지 적어진다.

결과
코와 입안에서 마치 폭발하듯이 열매의 강렬한 향이 터져 나온다. 커피가 보디는 있으나 입안에 남는 여운이 항상 깔끔하진 않다. 때때로 술을 떠올리게 할 정도로 알코올 향이 강하고, 심한 경우 시큼한 향이 나기도 한다.

 시설 투자와 장비가 거의 필요 없다.

- 때로는 마구잡이로 수확이 이루어진다.
- 한창 수확기에는 열매를 펼쳐놓을 공간이 필요하다.
- 워시드 커피만큼 고른 품질의 커피를 얻기 위해서는 많은 인력이 필요하고 신경을 써야 한다.

지면보다 높게 만든 '아프리칸 베드'. 위아래로 통풍이 잘 되게 바닥에 촘촘한 그물망을 사용한다.

습식법 : 워시드 커피(Washed Coffee)

17세기 자바섬에서 네덜란드 사람들이 시작하였다. 자바섬은 습도가 높고 강수량이 많아 건식건조를 할 수 없다.

정제

파치먼트를 부드럽게 만들어 씨앗을 꺼내기 쉽도록 물이나 공기로 발효를 촉진하는 공정이다.

지역
습도가 높은 지역(에티오피아, 케냐, 르완다, 엘살바도르, 콜롬비아, 파나마).

기간
- **발효** 6~72시간(평균 12~36시간)
- **건조** 4~10일

과정
커피열매의 과육을 기계로 벗기고, 씨앗을 물에 담가 발효시키는 과정에서 점액질을 제거한다. 그리고 씨앗을 씻어 건조한다.

결과
내추럴 커피보다 깨끗하지만 보디가 가볍고 신맛이 더 강하다.

➕ 점액질의 효소와 물속에서 자라는 미생물의 작용으로 씨앗의 수소이온농도(pH)가 5 미만으로 떨어져서 신맛이 더 강하다.

➖ 물을 아주 많이 사용하며(커피열매 1kg당 최대 100ℓ), 낭비하지 않기 위해 물을 재사용한다 해도 질산염 때문에 수질이 오염된다.

방법

1 수조에 커피열매를 담는다. 익은 열매는 무거워서 바닥에 가라앉는 반면, 이물질과 덜 익은 열매는 수면에 뜬다.

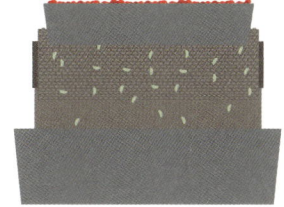

2 '좋은' 열매의 껍질과 과육 일부를 기계로 제거한다.

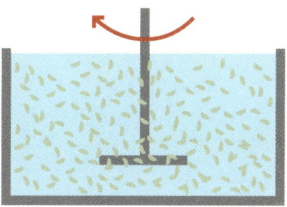

3 과육이 얇게 껍질처럼 남아 있는 커피 씨앗을 수조에 담가 점액질을 발효시킨다. 온도를 최고 40℃로 유지하면서 씨앗을 규칙적으로 휘저어 고루 발효시킨다.

4 다시 수조에 담가 세척하면서 2차 선별이 이루어진다. 좋은 씨앗은 가라앉고, 결함이 있는 것들은 물 위로 뜬다.

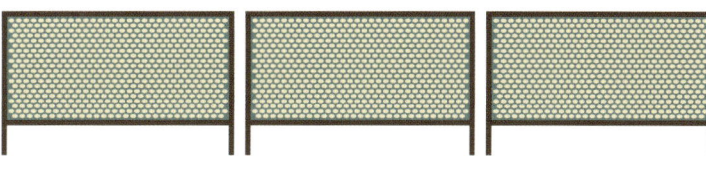

5 아프리칸 베드나 대형 드럼통 형태의 로터리 건조기를 이용하여 수분 함유율이 10~12%로 감소할 때까지 씨앗을 건조한다.

혼합 정제법

다음의 방법들은 앞에서 소개한 건식법과 습식법을 절충한 혼합방식이다.

혼합법

펄프드 내추럴(Pulped Natural)
1990년대 브라질에서 개발한 방법으로, 습식법의 워시드 커피 선별 방법과 건식법인 내추럴 커피의 건식 발효방법을 이용한다.

허니 프로세스(Honey Process)
브라질 이외의 중앙아메리카에서 '펄프드 내추럴' 방식에 붙인 이름이다. 씨앗의 파치먼트에 남아 있는 점액질 비율에 따라 여러 단계가 있다. 점액질이 많이 남아 있을수록 햇빛에 건조할 때 파치먼트의 색이 더 진해진다.

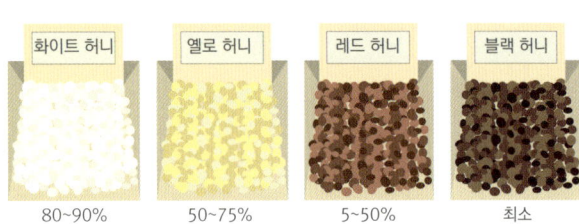

점액질 제거율에 따른 허니 프로세스의 단계별 모습

기간
기상조건에 따라 7~12일이 걸린다.

원리
스크린 과육제거기로 부드럽게 익은 열매를 더 단단하고 덜 익은 열매와 분리하여 껍질과 과육 대부분을 벗긴다. 그리고 파치먼트에 점액질이 붙어 있는 씨앗을 아프리칸 베드에 2.5~5㎝ 두께로 펴놓고 규칙적으로 뒤집어가며 햇빛에 고루 건조한다.

결과
커피는 깔끔한 편이며, 워시드 커피보다 더 보디가 있으나 신맛은 덜하다. 추출한 커피맛은 내추럴 커피에 더 가깝다.

- 물을 적게 사용한다.
- 양호한 선별.
- 균일한 품질의 커피.
- 점액질 제거 설비에 상당한 투자가 필요하다.

세미워시드(Semi-washed) 또는 길링바사

발효까지는 습식법과 같은 방법으로 마치고, 두 번에 걸쳐 건조하는 방식이다.

지역
오직 인도네시아에서만, 그 중에서도 특히 수마트라와 술라웨시.

기간
- 물에서의 발효는 일반적으로 하룻밤.
- 파치먼트가 없는 씨앗 건조는 5~7일.

원리
열매 껍질과 과육을 벗기고 수조에 담가서 발효시켜 점액질을 제거한다. 파치먼트만 덮여 있는 씨앗을 수분 함유율이 40%로 떨어질 때까지 건조한다. 그리고 마찰을 이용한 파치먼트 제거기로 파치먼트를 제거하여 단시간에 건조한다.

결과
커피는 보디가 매우 풍부하고 조금 신맛이 있다.

- 습기가 많아서 일 년 내내 꽃이 피고 수확을 반복하여 건조가 쉽지 않은 인도네시아의 기후에 알맞은 해결 방법이다.

길링바사(Giling Basah)
인도네시아어로 '젖은 파치먼트'를 의미한다.

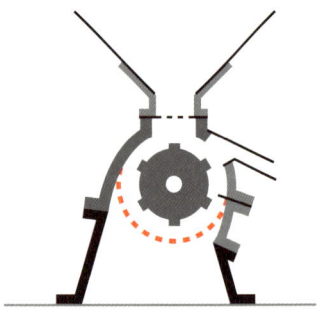

파치먼트 제거기
파치먼트를 제거하면 생두가 더 빨리 마른다.

정제법 정리

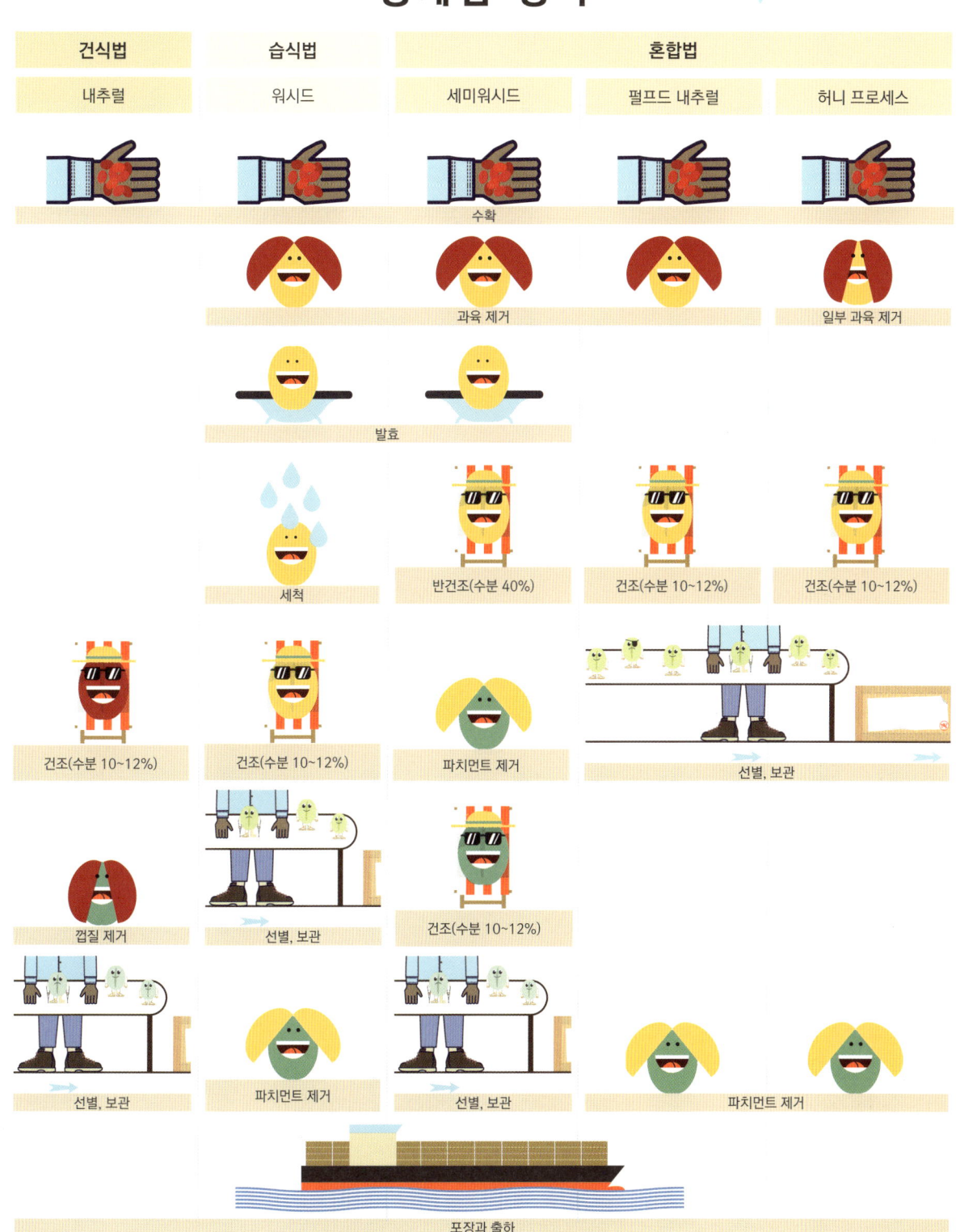

커피생두의 세척, 선별, 포장

건조한 커피생두는 다시 세척, 선별, 포장하여 소비자에게 운반된다.

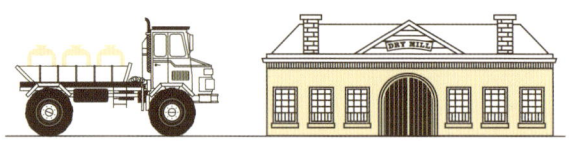

세척

정제방식과 상관없이 커피생두는 모두 '드라이밀(Dry Mill, 세척 선별 포장 작업을 하는 공장으로 건조장 또는 세척장이라 한다)'로 보내 세척한다. 목적은 흡인과 체로 거르는 작업을 통해 파편, 자갈, 금속조각, 먼지, 나뭇잎 등의 이물질을 제거하는 것이다. 내추럴 커피와 펄프드 내추럴 커피의 경우, 건조 열매들이 탈각기를 통과하면서 서로서로 또는 금속 내벽에 부딪쳐 찢어져 껍질(건조된 껍질과 과육)이 제거된다. 이렇게 벗긴 껍질은 압축공기를 분사하여 제거한다.

워시드 커피의 경우 파치먼트 제거기로 파치먼트(씨앗을 감싸고 있는 내과피)를 제거하고, 파치먼트 아래 있는 실버스킨은 커피생두에 폴리싱(polishing) 작업을 하여 제거한다(커피생두 단면 p.132 참조).

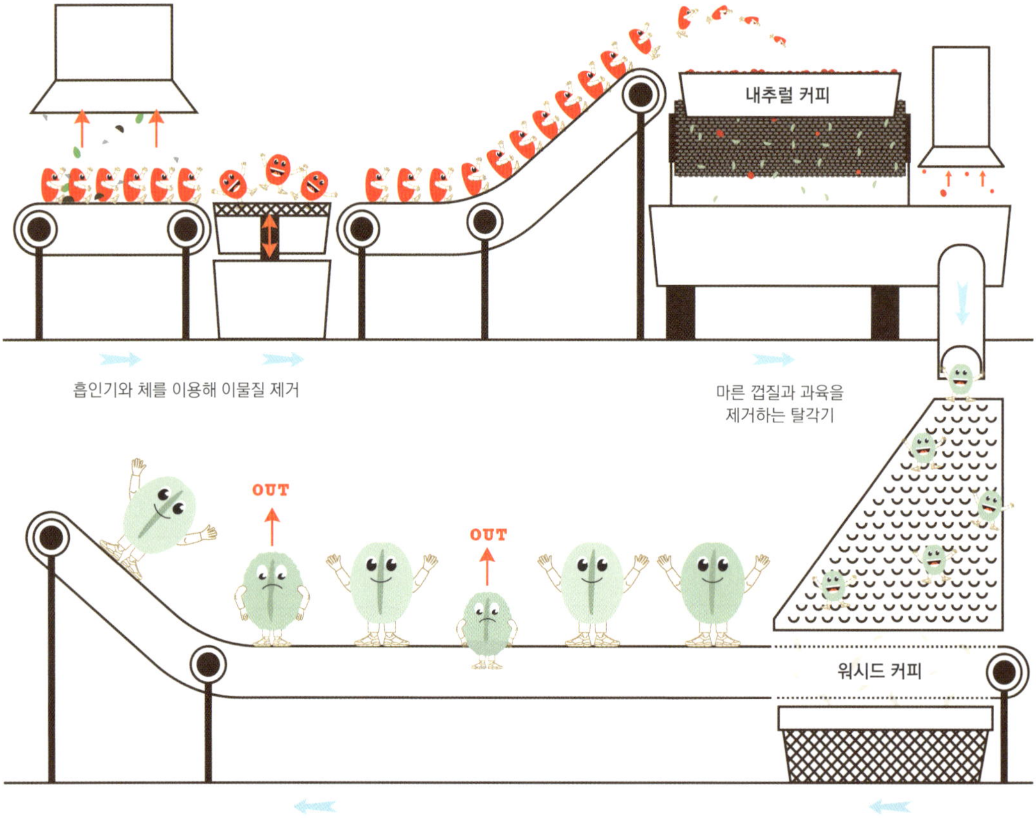

선별

깨끗이 손질한 생두는 몇 가지 기준 즉 크기, 지름, 색깔 등에 따라 선별한다.

> ### 결점두 처리
> 선별과정에서 골라낸 생두는 그냥 버리지 않는다. 품질 낮은 저질 생두를 취급하는 시장이 있다. 저질 생두는 커머디티커피(Commodity Coffee, 다른 이름으로 커머셜커피) 시장에서 거래된다.

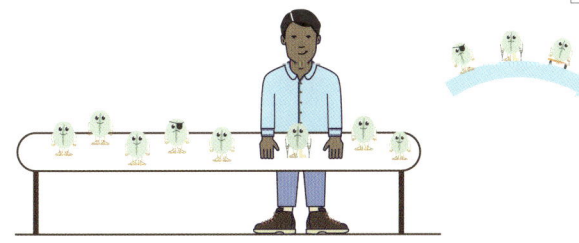

1차 선별
무거운 양질의 생두와 가벼운 저질 생두를 기계 또는 수작업으로 분류한다.

2차 선별
여러 크기의 구멍이 있는 스크린(망)을 이용해 생두를 크기별로 선별한다.

3차 선별
색깔 감지 장비를 갖춘 컨베이어벨트 위에서 색깔로 선별한다.
검거나 진갈색 발효된 생두.
연하거나 흰색 덜 익은 생두.
결함이 있는 결점두는 에어제트가 압축공기를 분사하여 제거한다.

4차 선별
색깔로 생두를 최종 선별. 이 작업은 여성들이 컨베이어벨트 앞에 앉아 눈으로 보고 골라내는 수작업이다.

포장

선별된 커피생두는 수출하기 위해 포장하는데, 다양한 용기가 사용된다.

마대
생두는 전통적으로 60~70kg 마대에 담는다. 경제적이고, 견고해서 내구성이 좋으며, 보관능력이 뛰어나다. 마대와 겉면에 있는 아름다운 장식문양은 커피 전통문화의 하나이다.

진공포장
몇 년 전부터 등장했는데, 특히 고가의 고급 커피는 진공포장 후 마분지 상자에 담아 판매한다. 무게는 일반적으로 20~35kg인데, 10kg 미만의 작은 단위로 포장하여 판매하는 수입업자도 있다.

그레인 프로®
여러 겹의 비닐로 되어 있는 봉투. 건조 생두와 열매, 씨앗의 보관기간을 늘리기 위해 만들어졌다. 커피생두의 향미 특성이 좀 더 오래 유지된다.

커피 생산국

커피 생산량 상위 10개국을 포함하여 전 세계 커피 생산국을 알아보자.

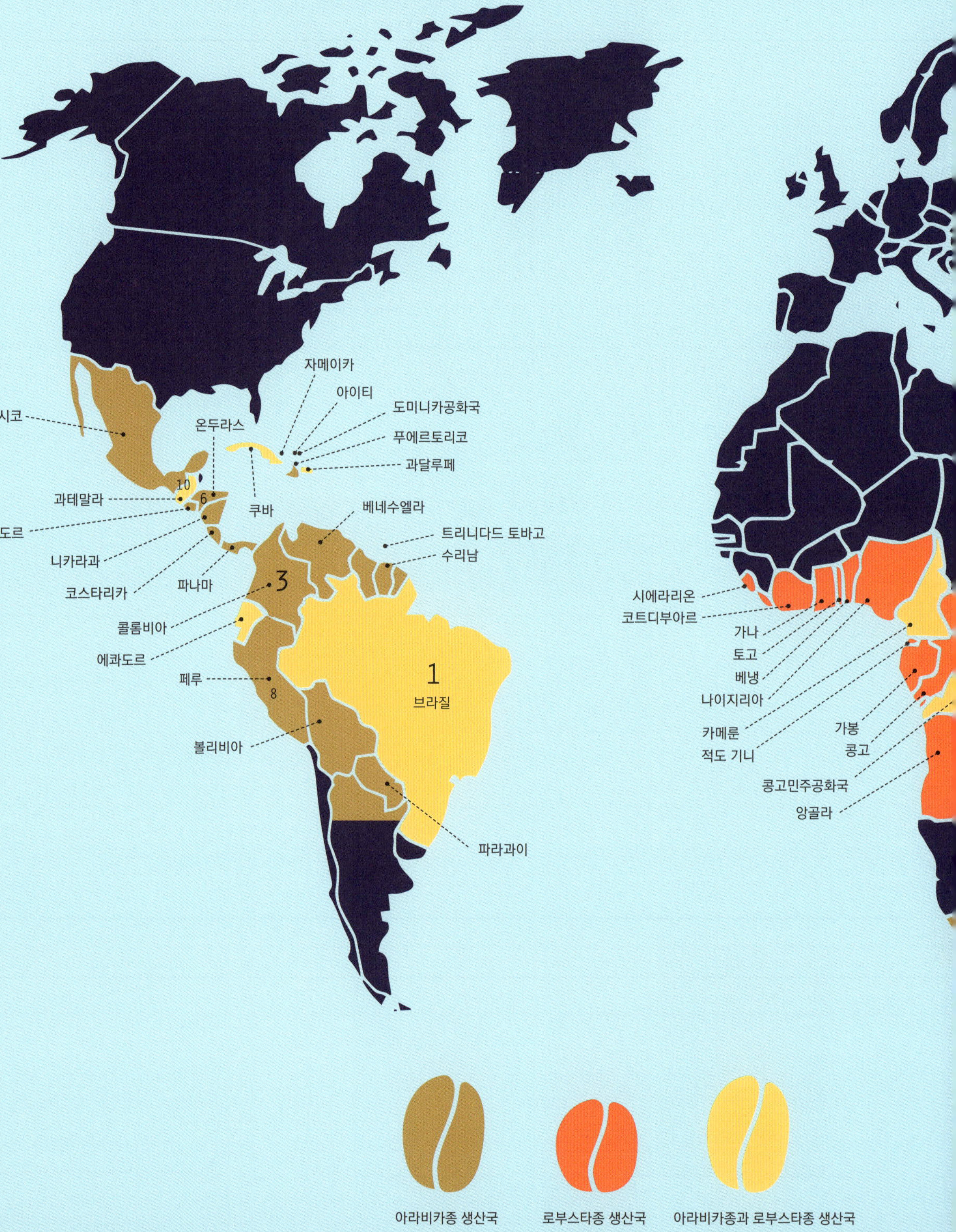

- 멕시코
- 자메이카
- 아이티
- 온두라스
- 도미니카공화국
- 푸에르토리코
- 과달루페
- 과테말라
- 엘살바도르
- 니카라과
- 쿠바
- 베네수엘라
- 트리니다드 토바고
- 수리남
- 코스타리카
- 파나마
- 콜롬비아
- 에콰도르
- 페루
- 볼리비아
- 브라질
- 파라과이
- 시에라리온
- 코트디부아르
- 가나
- 토고
- 베냉
- 나이지리아
- 카메룬
- 적도 기니
- 가봉
- 콩고
- 콩고민주공화국
- 앙골라

아라비카종 생산국

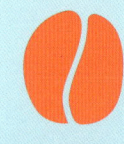
로부스타종 생산국

아라비카종과 로부스타종 생산국

국제커피협회(ICO, International Coffee Organisation) 2016년 통계

에티오피아

흔히 에티오피아를 커피의 요람으로 생각한다. 하지만 에티오피아는 대부분의 커피 생산국과는 달리 커피 재배가 식민지시대의 유산이 아니라 야생 또는 거의 야생에서 저절로 자란 커피나무로 시작되었으며, 그 중 절반이 넘는 지역이 고도 1,500m 이상에 존재한다.

플랜테이션이나 대형 농장이 거의 존재하지 않고, 커피는 밭과 자연림 또는 반 자연림에서 생산요소의 투입 없이 자란다. 비록 인증마크를 얻지는 못하지만 생산방식이 친환경적이라 할 수 있으며, 생산량의 90% 이상이 70만여 소규모 생산자로부터 나온다. 생산성이 높지 않으며, 세척장에 오면 여러 농장의 수확물이 뒤섞이기 때문에 특별한 경우가 아니면 생산이력 추적이 세척장까지만 가능하다. 에티오피아는 특히 커피나무와 아라비카종의 유전적 다양성이 세계에서 가장 풍부한 나라로, 에티오피아의 자연림에 고품질 커피의 미래가 달려 있다.

에티오피아 커피 풍미
예가체프 아리차(Yirgacheffe Aricha)

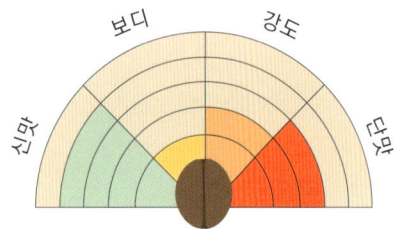

커피 정보

- **연간 생산량** 396,000톤
- **세계시장 점유율** 4.4%
- **생산량 순위** 5위
- **주요 품종** 토착종(Heirloom, p.155 〈에얼룸〉 참조)
- **수확시기** 11~2월
- **정제** 워시드, 내추럴
- **특징**
  - 워시드 커피_ 꽃향, 시트르산의 신맛, 가벼운 보디
  - 내추럴 커피_ 열대과일과 딸기향

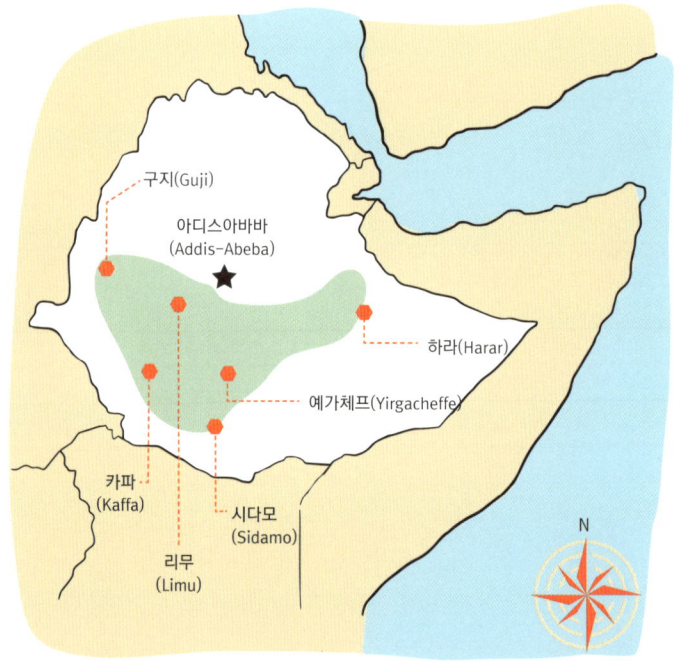

케냐

19세기 말경 서양인들이 커피를 들여왔다. 케냐에서는 주로 아라비카종, 특히 습식법으로 가공된 SL 28, SL 34, K 7과 루이루(Ruiru) 11이 재배된다. 케냐 커피의 절반 이상은 세척장을 중심으로 모여 있는 소규모 생산자들이 생산한다. '팩토리(factory)'마다 약 600~1000명의 생산자가 있으며, '팩토리'들은 다시 협동조합 단위로 묶인다. 케냐 중부지방 고유의 붉은 점토 덕분에 특유의 향을 갖는다. 케냐는 원두 크기에 따른 자체 등급체계를 갖고 있다. 구멍 크기가 다른 체들을 작은 것부터 쌓아놓고 원두를 걸러서 분류한다.

- **AA** 스크린 사이즈 18(지름 7.22㎜) 이상인 생두. 커피의 향미가 뛰어나고 복잡해서 가장 비싸다.
- **AB** 스크린 사이즈 16(지름 6.8㎜), 15(지름 6.2㎜)인 원두.
- **PB** 피베리(=카라콜리, p.132 참조)

위 세 가지는 스페셜티커피 등급이다.

- **C, TT, T** 비교적 품질이 낮은 생두이다.

이 등급은 대부분 경매를 통해 판매된다.

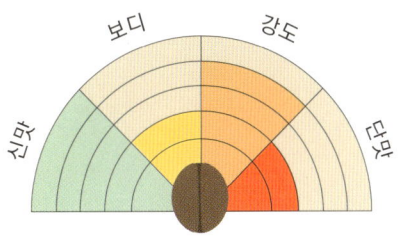

케냐 커피 풍미
기차타이니(Gichathaini) AA

커피 정보

- **연간 생산량** 46,980톤
- **세계시장 점유율** 0.5%
- **생산량 순위** 17위
- **주요 품종** SL 28(p.155 참조), SL 34(p.155 참조), K 7, 루이루(Ruiru) 11
- **수확시기** 11~2월
- **정제** 워시드
- **특징** 베리류의 향, 강렬한 신맛

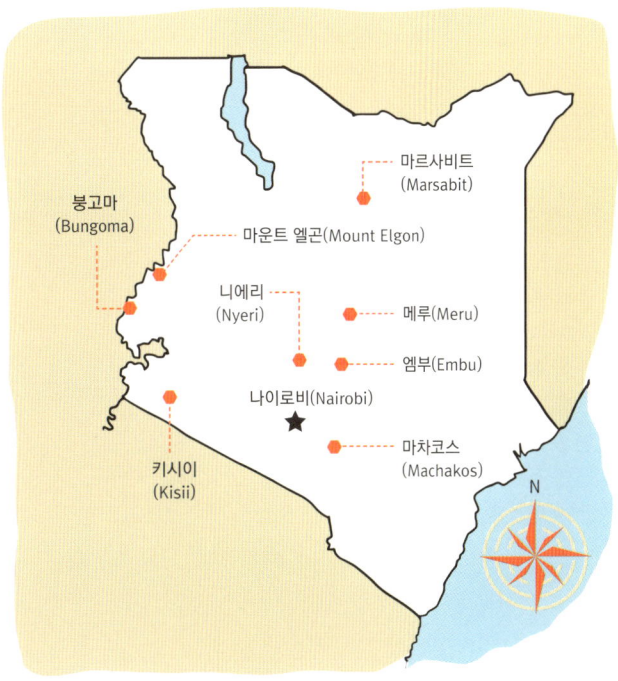

르완다

1904년 독일 선교사들이 커피를 처음 들여왔다. 이곳의 기후(안정적이고 규칙적인 강우)와 지질구조(해발 1,500~2,000m의 고산지대, 비옥한 화산토양)는 양질의 커피를 재배하기에 적합하다. 생산자 대부분이 세척장을 갖고 있는 협동조합에 소속되어 있다. 스페셜티커피 생산 전략을 추구하기 때문에 르완다에서 생산하는 커피는 높고 안정적인 가격을 유지한다. 또한 2008년 아프리카 국가 중에서 처음으로 컵 오브 엑셀런스(p.121 참조) 프로그램을 진행하기도 하였다.

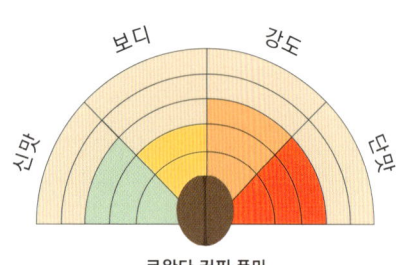

르완다 커피 풍미
에피파니 무히르와(Epiphany Muhirwa)

커피 정보

- **연간 생산량** 14,400톤(아라비카종 99%, 로부스타종 1%)
- **세계시장 점유율** 0.2%
- **생산량 순위** 28위
- **주요 품종** 부르봉 루주(p.168 부르봉 참조)
- **수확시기** 3~7월
- **정제** 워시드
- **특징** 꽃향, 과일향, 기분 좋은 신맛

포테이토 디펙트(Potato Defect)

르완다와 부룬디에서는 커피나무가 발견이 쉽지 않은 박테리아에 감염되어 간 커피가루에서 오래된 감자맛이 나는 경우가 있다. 이 박테리아는 무작위로 감염되기 때문에 원두 한 알이 이 박테리아에 감염되었다고 나머지 원두가 모두 감염되는 것은 아니다. 감염된 원두는 건강에 해롭지는 않으나 커피에서 몹시 불쾌한 썩은 감자맛이 난다. 이는 두 나라가 해결해야 할 중대한 난제이다.

부룬디

1930년대에 벨기에 사람들이 커피를 들여왔다. 국경선을 맞대고 있는 르완다와 비슷한 특징이 몇 가지 있는데, 예를 들어 커피 재배에 알맞은 기후, 토양, 고도뿐만 아니라 '포테이토 디펙트' 문제까지도 비슷하다. 부룬디의 커피 재배는 소규모 생산자들이 담당하며, 이들이 수확한 생두는 세척장운영협회(SOGESTAL, Société de Gestion des Stations de Lavage)에서 운영하는 세척장으로 모인다. 2008년까지는 커피생두들이 한데 뒤섞여서 처리되었지만, 이후 세척장에서 원두를 분류할 수 있게 되어 원두의 생산이력 추적이 개선되고, 향미 품질에 따라 등급을 매길 수 있게 되었다. 부룬디는 컵 오브 엑셀런스 프로그램을 두 번째로 진행한 아프리카 국가이기도 하다.

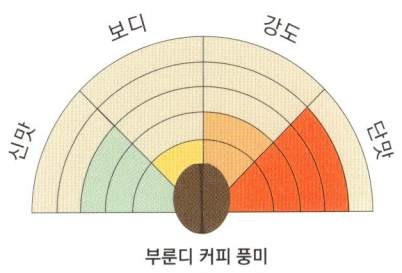

부룬디 커피 풍미
무루타(Muruta)

커피 정보

- **연간 생산량** 14,100톤
- **세계시장 점유율** 0.2%
- **생산량 순위** 29위
- **주요 품종** 부르봉 루주(p.168 부르봉 참조)
- **수확시기** 3~7월
- **정제** 워시드
- **특징** 과일향, 시트르산의 신맛

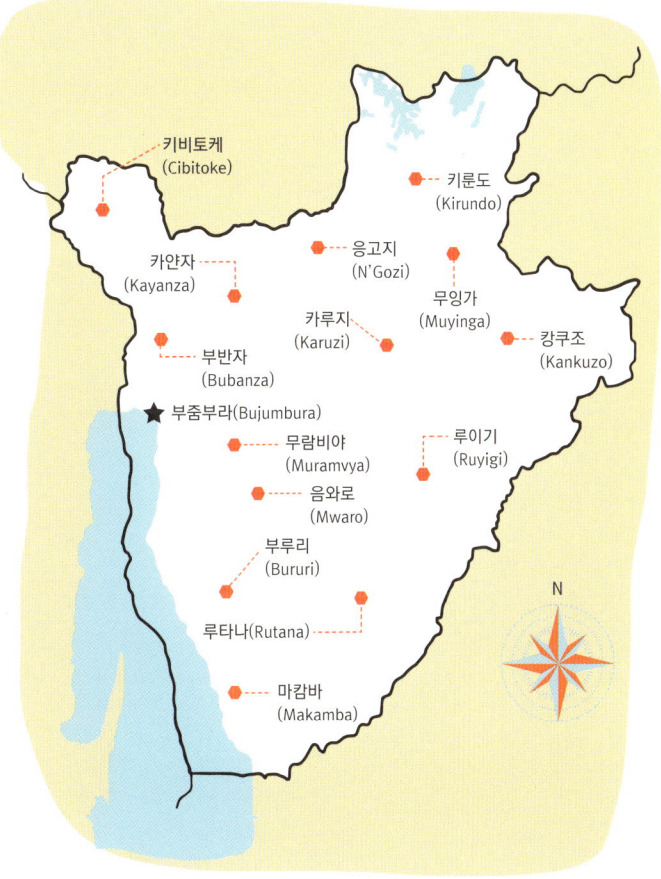

레위니옹

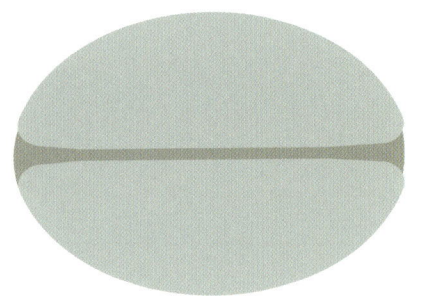

레위니옹에 커피가 전해진 것은 1715년이다. 당시 레위니옹은 부르봉섬으로 불려 이곳에서 처음 재배된 품종에 부르봉이라는 이름이 붙었다. 부르봉은 예멘에서 전해졌으며, 티피카종의 자연변이종이다. 1720년대에 커피 재배가 자리를 잡고, 1800년 생산량이 4,000톤에 이르면서 레위니옹은 커피 생산의 황금기를 맞는다. 이후 자연재해와 사탕수수 재배로 커피 생산량이 두드러지게 감소하였다. 1771년 '부르봉 푸앵튀(Bourbong Pointu)'라는 레위니옹 고유의 특별한 품종이 만들어졌다. 이 품종은 거의 사라질 뻔했다가 2000년대 초에 다시 재배되기 시작하였으며, 생산량이 아주 적어서 틈새시장용이다.

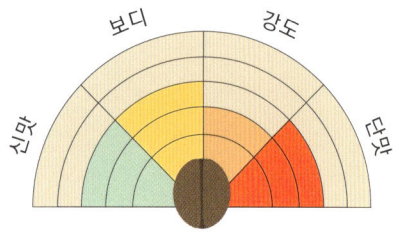

레위니옹 커피 풍미
부르봉 푸앵튀(Bourbon Pointu)

커피 정보

- **연간 생산량** 3톤
- **세계시장 점유율** 0.01%
- **생산량 순위** 순위 밖(틈새시장)
- **주요 품종** 부르봉(p.168 부르봉 참조), 부르봉 푸앵튀(p.155 참조)
- **수확시기** 10~2월
- **정제** 워시드
- **특징** 중간 정도의 보디와 신맛, 밸런스가 좋다.

커피 품종

SL 28

- **기원** 1931년 케냐의 스콧연구소(Scott Laboratory)에서 만들어졌으며, 부르봉과 에티오피아 품종 계열이다.
- **나무** 큰 잎과 비교적 큰 열매.
- **저항성** 질병에 강하다.
- **생산성** 낮다.
- **권장 추출방법** 필터커피.
- **특징** 뚜렷한 신맛, 베리향.

SL 34

- **기원** 케냐 중부에 위치한 카베테(Kabete) 지역의 로레쇼(Loresho) 플랜테이션에서 재배된 부르봉의 돌연변이종.
- **나무** 큰 잎과 비교적 큰 열매.
- **저항성** 고지대의 강우에 강하다.
- **생산성** 높다.
- **권장 추출방법** 필터커피.
- **특징** 풍부한 풍미로 유명하다.

부르봉 푸앵튀(Bourbon Pointu)

- **기원** 라우리나(Laurina) 또는 아라비카 변종 라우리나라고도 한다. 부르봉의 돌연변이종으로, 1771년 레위니옹 섬에 처음 나타난 것으로 추정된다. 1880년에 전염병이 발생하여 거의 사라졌으나, 2000년대 요시아키 가와시마(Yoshiaki Kawashima)에 의해 재발견되었다. 프랑스 국제농업개발연구센터(CIRAD)의 도움으로 다시 재배하기 시작하였다.
- **기타 생산국** 마다가스카르.
- **나무** 피라미드 모양의 작은 나무로 잎도 열매도 작다. 열매는 길쭉하고 끝이 뾰족해서 뚜렷이 구별되는 모양이다.
- **저항성** 건조에는 강하나, 커피녹병에는 약하다.
- **생산성** 낮다.
- **권장 추출방법** 에스프레소.
- **특징** 카페인 함량이 0.6%로 다른 아라비카 커피에 비해 적다.

에얼룸(Heirloom)

영어로 유물이란 뜻이며, 커피의 토착종을 가리킨다. 외부에서 커피를 들여온 적이 없는 에티오피아에서만 사용된다. 이 나라에서는 커피나무가 숲에서 저절로 자라기 때문에 수확한 원두 품종 하나하나를 구별하기가 쉽지 않다. 따라서 생두 구매자들뿐만 로스터들도 에티오피아에서 생산되는 토착종의 커피를 말할 때는 '에얼룸'이라고 한다.

브라질

18세기 포르투갈 사람들에 의해 커피나무가 전해졌다. 금방 커피 생산국 1위가 된 브라질은 1920년대에 이미 전 세계 커피 생산량의 80%를 차지하였다. 이러한 쏠림 현상은 오늘날 다른 커피 생산국들의 약진으로 다소 균형이 잡혔지만, 브라질은 여전히 최대 커피 생산국이다. 커피 재배지는 주로 국토의 동남쪽에 위치해 있다. 면적, 기후, 지형(전체적으로 평평하고 언덕들도 가파르지 않아서 농기계 사용이 수월하다), 고도 등이 집약적인 커피 재배가 가능한 조건을 갖추었다. 약 300,000개의 농장에서 커피를 생산하는데, 그 중에는 생산성과 수익성을 중시하는 현대적 농법의 대규모 농장들이 있는가 하면, 또 한편으로는 유기농법 더 나아가 생태역학적 농법을 채택하여 가능하면 농기계와 화학비료 등에 의존하지 않고 플랜테이션 내의 생물다양성을 존중하려는 농장들도 있다. 고품질 생두의 생산이력 추적은 플랜테이션까지 가능하다. 브라질은 1999년 컵 오브 엑셀런스 프로그램을 세계 최초로 개최한 나라이다.

농장 : 300,000

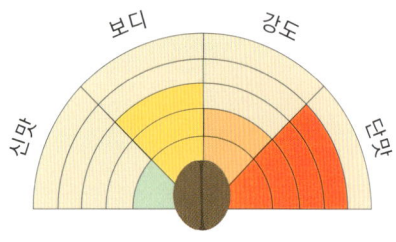

브라질 커피 풍미
카핑 브랑쿠(Capim Branco)

커피 정보

- **연간 생산량** 3,300,000톤(아라비카종 67%, 로부스타종 33%)
- **세계시장 점유율** 36.3%
- **생산량 순위** 1위
- **주요 품종** 문도노보(p.161 참조), 카투라(p.169 참조), 이카투(p.161 참조), 부르봉(p.168 참조), 카투아이(p.168 참조)
- **수확시기** 5~8월
- **정제** 내추럴, 워시드
- **특징** 브라질 원두는 아주 약한 신맛과 단맛, 견과류향으로 유명하다. 이 때문에 블렌딩 커피의 베이스로 많이 이용한다.

콜롬비아

18세기에 커피가 들어오고, 19세기 초부터 상품화되었다. 소규모 농장이 대부분으로 약 50만 개의 농장에서 커피가 생산된다. 안데스산맥은 커피 생산에 유리한 수많은 미기후(주변 기후와 다른 국지적 기후 현상)를 만들지만, 콜롬비아의 지형 자체는 재배지역을 확장하는 데 유리하지 않다. 산의 경사면이 지나치게 가팔라서 기계를 사용하기 어려울 뿐만 아니라 나무가 많지 않아 경사진 땅이 쉽게 침식된다. 그래서 양보다는 품질에 초점을 맞추어 아라비카종만 재배한다. 1960년에는 뉴욕의 광고대행사 도일 데인 번박(DDB, Doyle Dane Bernbach)이 품질인증마크 '카페 데 콜롬비아(Café de Colombia)'의 후안 발데즈(Juan Valdez)라는 허구의 캐릭터를 만들었다. 노새와 함께 있는 서민적인 커피 생산자의 낭만적 이미지는 콜롬비아 커피의 평판을 끌어올리는 데 크게 기여하였다. 오늘날 콜롬비아의 수출에서 커피가 차지하는 비중은 10%밖에 안 되지만, 커피는 여전히 이 나라를 상징하는 중요한 농산물이다.

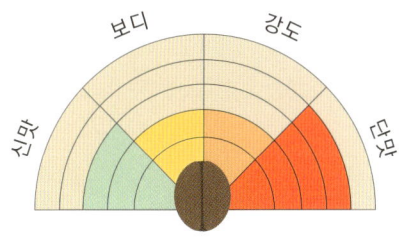

콜롬비아 커피 풍미
라 비르히니아(La Virginia), 우일라(Huila)

커피 정보

- **연간 생산량** 870,000톤
- **세계시장 점유율** 9.6%
- **생산량 순위** 3위
- **주요 품종** 카투라(p.169 참조), 카스티요
- **수확시기** 다양한 미기후(주변 기후와 다른 국지적 기후 현상) 덕분에 1년 내내 수확 가능
- **정제** 워시드
- **특징** 보디감, 단맛, 중간 정도의 신맛

에콰도르

1860년 에콰도르의 마나비(Manabi) 지역에 처음으로 커피가 소개되었다. 커피 생산은 1980년대에 절정을 찍다 1990년대에 심한 경기 침체를 겪으면서 후퇴하였다. 생산량의 대부분이 인스턴트커피로 소비되고 품질은 떨어지며, 대량생산이 가능한 로부스타종 위주로 재배하고 일부 아라비카종이 재배된다. 하지만 에콰도르는 특히 고지대를 중심으로 고품질 생두를 재배할 수 있는 잠재력을 실제로 갖추고 있다. 컵 프로필이 뛰어난 품종들(티피카, 부르봉)을 선별하고 인건비 상승에 대처하여 도전해볼 만하다.

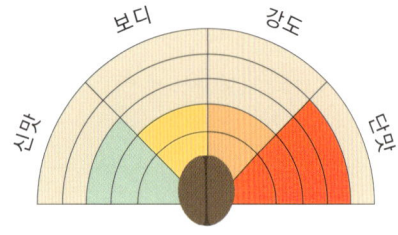

에콰도르 커피 풍미
라스 톨라스(Las Tolas)

커피 정보

- **연간 생산량** 36,000톤(아라비카종 60%, 로부스타종 40%)
- **세계시장 점유율** 0.4%
- **생산량 순위** 19위
- **주요 품종** 티피카(p.161 참조), 부르봉(p.168 참조), 카투라(p.169 참조)
- **수확시기** 5~9월
- **정제** 워시드, 내추럴
- **특징** 기분 좋은 신맛, 밸런스가 좋다.

158 커피 재배

볼 리 비 아

19세기에 커피가 들어온 것으로 추정된다. 건기와 우기가 뚜렷한 기후조건과 고도 등이 커피 재배에 유리하지만, 농기계나 비료 등이 부족하고 볼리비아가 내륙에 위치해 페루를 통해야만 수출이 가능하다는 점이 발전의 걸림돌이다.

생산량은 많지 않다. 약 23,000개 농장 대부분의 경작지가 2~8헥타르에 불과해 가족단위로 운영된다. 대개가 농기계나 비료 등을 구입할 여력이 없기 때문에 인증을 받지는 못했지만 유기농 커피다. 볼리비아 생두는 생산이력관리제도가 아주 잘 되어 있어 특정 생두의 이력 추적이 농장까지 가능하다. 몇몇 볼리비아 생두는 품질이 매우 뛰어나다.

볼리비아 커피 풍미
에스트레야스(Estrellas)

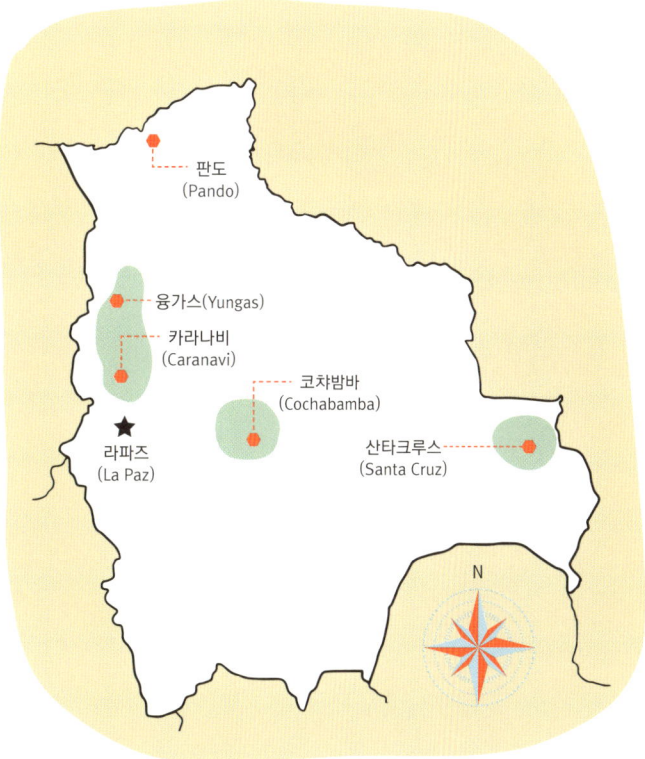

커 피 정 보

- **연간 생산량** 5,400톤
- **세계시장 점유율** 0.1%
- **생산량 순위** 36위
- **주요 품종** 티피카(p.161 참조), 카투라(p.169 참조)
- **수확시기** 7~10월
- **정제** 워시드
- **특징** 특별히 구별되는 향이 없다. 달콤하고 무난한 맛이며 신맛이 아주 약하다.

페루

18세기에 커피가 나타나 19세기부터 수출하게 되었다. 페루는 유기농 인증 커피와 공정무역커피의 최대 생산국이다. 대부분의 커피가 재배면적 3헥타르 이하인 12만 개 정도의 농장에서 생산된다. 고도 2,200m 이상의 높은 지역에서는 플랜테이션도 찾아볼 수 있다. 페루 커피는 볼리비아 커피와 마찬가지로, 세계 최대 커피생산국인 남아메리카의 브라질과 콜롬비아에 비해 브랜드 정체성이 약하다는 문제가 있다.

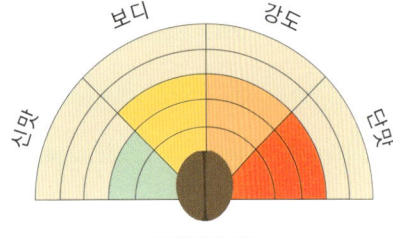

페루 커피 풍미
엘 망고(El mango)

커 피 정 보

- 연간 생산량 228,000톤
- 세계시장 점유율 2.5%
- 생산량 순위 8위
- 주요 품종 티피카(p.161 참조), 부르봉(p.168 참조), 카투라(p.169 참조)
- 수확시기 7~9월
- 정제 워시드
- 특징 단맛, 깔끔함, 복합적인 향 부족

커피 품종

문도노보(Mundo Novo)

- **기원** 수마트라와 부르봉의 자연교배종으로 1940년대 브라질에서 발견되었다.
- **나무** 키가 크고 붉은 열매가 달린다.
- **저항성** 중간지대부터 고지대에서 질병에 강하다.
- **생산성** 부르봉보다 30% 높다.
- **권장 추출방법** 에스프레소.
- **특징** 특유의 맛 때문에 브라질에서 즐겨 마시는데, 단맛이 부족한 경우가 종종 있다.

이카투(Icatu)

- **기원** 이 교배종([아라비카×코페아 카네포라]×문도 노보×카투아이)은 1985년 브라질에서 만들어진 것으로 추정되는데, 1993년에야 공식적으로 인정받게 된다.
- **나무** 키가 크고 굵은 열매가 달리며, 고도 800m 이상에서 재배된다.
- **저항성** 질병, 특히 커피녹병(p.137 참조)에 강하다.
- **생산성** 문도 노보보다 30~50% 높다.
- **권장 추출방법** 에스프레소.
- **특징** 로부스타의 유전형질 때문에 중간 등급으로 평가 받지만, 잘 키우면 훌륭한 커피가 될 수 있다.

티피카(Typica)

- **기원** 가장 오래된 아라비카종. 교배를 통해 블루마운틴, 마라고지페 등의 품종이 만들어졌다.
- **생산국** 대부분의 커피 생산국이 티피카를 소량이라도 생산한다.
- **나무** 비교적 키가 큰 원뿔형 나무로 3.5~6m까지 자라며, 잎은 구릿빛을 띤다.
- **저항성** 고지대일수록 뛰어나다.
- **생산성** 비교적 낮다.
- **권장 추출방법** 에스프레소, 필터커피.
- **특징** 복합적인 향으로 유명하다.

코스타리카

코스타리카에서는 18세기에 처음 커피 재배를 시작하여 1832년부터 유럽으로 커피를 수출하였다. 오늘날은 재배면적 5헥타르 미만의 약 50,000명의 소규모 생산자가 아라비카종만 재배하고 있다. 코스타리카에서는 로부스타종 생산이 불법이다. 2000년대 들어서면서 스페셜티커피의 수요에 부응하기 위해 소규모 생산자들이 자체적으로 수확물을 처리할 수 있도록 소규모 세척장이 곳곳에 설치되었다. 예전에는 여러 농가에서 생산한 생두를 뒤섞어 처리하였으나, 이제는 생산이력 추적이 가능해졌다. 이처럼 생산공정을 자율적으로 관리할 수 있게 되면서 생산자들이 다양한 건조방식을 시도할 수 있게 되었다. 소규모 세척장들은 커피 생산이 자연에 미치는 영향을 최소화하고 환경법을 준수하기 위해 창의적인 방식으로 운영된다. 코스타리카 특유의 이런 하부구조는 커피의 질을 높이기에 이상적이다.

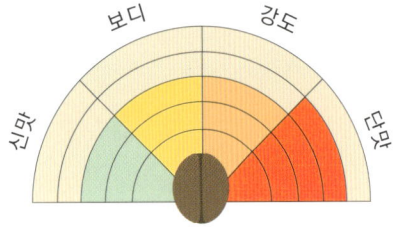

코스타리카 커피 풍미
아시엔다 발레리오(Hacienda Valerio)

커피 정보

- **연간 생산량** 89,160톤
- **세계시장 점유율** 1%
- **생산량 순위** 14위
- **주요 품종** 카투라(p.169 참조), 비야사르치(p.169 참조), 카투아이(p.168 참조)
- **수확시기** 11~3월
- **정제** 허니 프로세스, 내추럴, 워시드
- **특징** 단맛, 기분 좋은 신맛, 복합적인 텍스처

파나마

파나마에서 커피 재배를 시작한 것은 19세기 말이다. 비옥한 화산토양과 높은 고도, 습한 기후조건은 커피 재배에 유리하다. 게다가 생산지역이 비교적 제한적인데도 그 안에 다양한 미기후(주변 기후와 다른 국지적 기후 현상)가 공존한다. 가족 단위로 운영되거나 중간 규모의 농장이 대부분이다. 1996년에 커피 가격이 폭락하는 위기를 겪고 난 후, 파나마 커피산업은 스페셜티커피 생산을 성장의 원동력으로 선택하였다. 오늘날 파나마는 커피 생산량은 많지 않으나 국제시장에서 평판이 좋은데, 이는 특히 게이샤 품종을 생산한 덕분이다. 게이샤는 고품질의 맛이 잠재되어 있는 품종으로, 그 특징을 충분히 끌어낼 수 있는 파나마의 토양과 만나 좋은 결과를 만든 것이다. 최상급 생두는 온라인에서 경매가 이루어진다. 생산이력 관리가 매우 잘 되어 있어 생두가 어느 농장의 어느 구역에서 재배되었는지까지 알 수 있다.

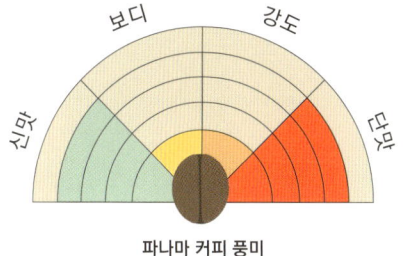

파나마 커피 풍미
게이샤(geisha)

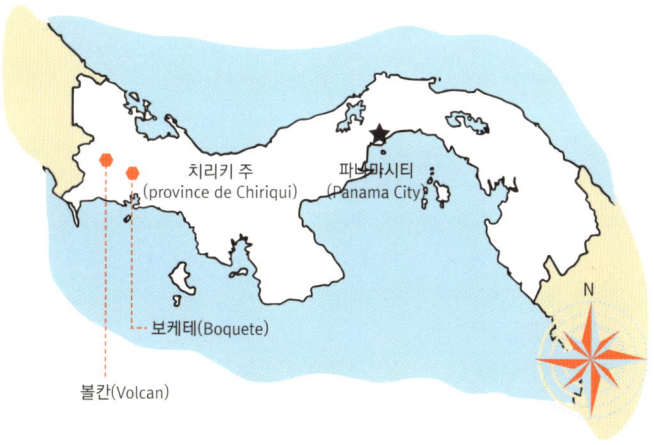

커 피 정 보

- **연간 생산량** 6,900톤
- **세계시장 점유율** 0.1%
- **생산량 순위** 34위
- **주요 품종** 게이샤(p.168 참조), 카투라(p.169 참조), 티피카(p.161 참조), 부르봉(p.168 참조), 카투아이(p.168 참조)
- **수확시기** 11~3월
- **정제** 워시드, 내추럴
- **고품질 게이샤의 특징** 달콤하고 섬세하며, 밸런스가 좋고 복합적인 맛이다. 보디가 가볍고 꽃향과 감귤류의 신맛이 난다.

과테말라

18세기 중반에 예수회 선교사들이 커피를 들여온 것으로 추정된다. 처음 유럽에 수출한 시기는 1859년이다. 산, 화산토양, 평야로 이루어진 과테말라의 지형은 복잡하며, 곳곳의 미기후(주변 기후와 다른 국지적 기후 현상) 덕분에 다양하고 독특한 향을 지닌 커피를 생산할 수 있다. 오늘날 커피는 농산물 수출에서 상당한 비중을 차지한다. 약 125,000명의 생산자들이 여러 지역에서 커피를 재배하고 있으며, 전체 재배면적은 270,000헥타르에 달한다. 소규모 세척장이 발달해 소단위로 상품을 생산하며, 생산이력 추적이 보장된다. 점점 더 많은 생산자들이 이처럼 중요한 공정단계를 자율적으로 관리하기 위해 소규모 세척장을 갖추는 추세이다.

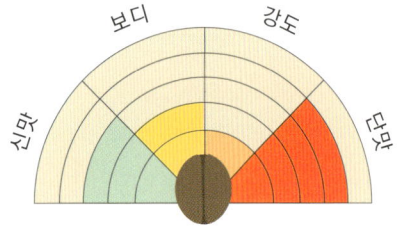

과테말라 커피 풍미
핑카 엘 필라르(Finca el Pilar)

커피 정보

- **연간 생산량** 210,000톤(아라비카종 99.6%, 로부스타종 0.4%)
- **세계시장 점유율** 2.3%
- **생산량 순위** 10위
- **주요 품종** 부르봉(p.168 참조), 카투라(p.169 참조), 티피카(p.161 참조), 카투아이(p.168 참조), 마라고지페(p.173 참조)
- **수확시기** 11~3월
- **정제** 워시드
- **특징** 산지에 따라 확연히 다른 향을 보여준다. 달콤하고 보디감이 있으며, 꽃향부터 초콜릿향까지 있는 무난한 맛이고 신맛이 있다.

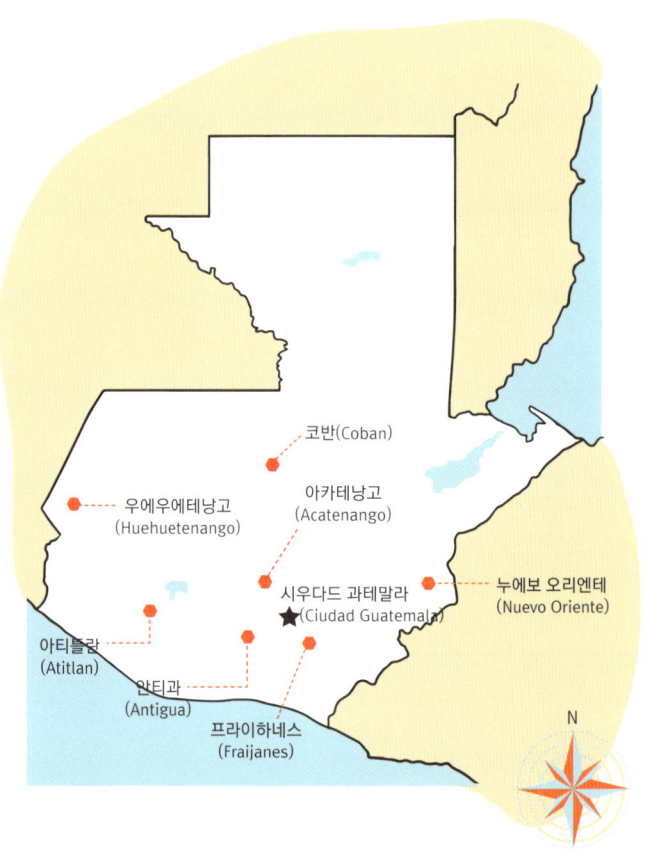

온두라스

온두라스에서 커피나무를 처음 심은 것은 18세기 말로 추정된다. 오늘날 온두라스는 주요 커피 생산국 중 하나가 되었으며, 소규모 농장이 대부분으로 100,000여 가구가 커피를 재배한다. 중앙아메리카의 다른 주변국들과 환경 조건이 비슷하나, 운송수단과 커피열매 가공시설의 확충은 온두라스가 해결해야 할 주요 난제로 남아 있다. 기후가 매우 습한 몇몇 지역에서는 파티오(patio, 스페인과 남아메리카의 건축에서 위쪽이 트인 건물 안뜰) 건조가 어렵다. 이를 해결하기 위해 생산자들은 비닐하우스에서 건조하거나, 기계 건조와 햇볕 건조를 병행한다. 품질이 낮은 온두라스 커피는 오랫동안 커머디티 시장에서만 취급되었으나, 최근 온두라스커피협회에서 소규모 생산자들에게 기술, 물자, 교육 지원을 통해 품질을 높일 수 있도록 돕고 있다.

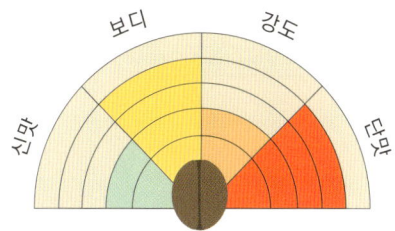

온두라스 커피 풍미
헤수스 모레노(Jesus Moreno)

커피 정보

- 연간 생산량 356,040톤
- 세계시장 점유율 3.9%
- 생산량 순위 6위
- 주요 품종 카투라(p.169 참조), 카투아이(p.168 참조), 파카스(p.169 참조), 티피카(p.161 참조)
- 수확시기 11~4월
- 정제 워시드
- 특징 달콤하고 가벼울 수도 있지만, 복합적이고 강렬한 신맛의 과일향을 띨 수도 있다.

엘살바도르

커피나무를 처음 심은 것이 19세기다. 당시 생산된 커피는 내수용이었으나, 1880년경부터 정부에서 커피 수출을 장려하였다. 오늘날 약 20,000명의 생산자들이 중간 규모의 농장에서 커피를 생산하며, 품질에 대한 평가는 좋은 편이다. 엘살바도르 커피 특유의 풍미가 있는 부르봉 품종이 60% 이상이며, 파카스와 파카마라 품종도 재배한다. 대부분의 커피나무는 그늘에서 재배하며, 산림 파괴와 토양 침식을 막는 중요한 역할을 한다. 가공시설과 생산이력관리제도도 잘 되어 있다. 엘살바도르커피협회는 비옥한 화산토양과 19세기에 커피가 들어오면서 계속 재배되어온 부르봉 품종을 적극적으로 알리며 자신들의 커피 홍보에 힘을 쏟고 있다.

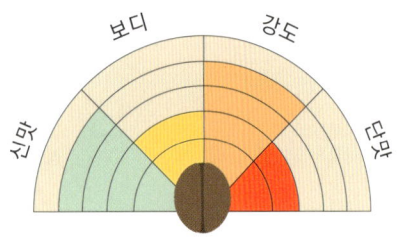

엘 살바도르 커피 풍미
핑카 라 파니(Finca la Fany)

커피 정보

- **연간 생산량** 37,380톤
- **세계시장 점유율** 0.4%
- **생산량 순위** 18위
- **주요 품종** 부르봉(p.168 참조), 파카스(p.169 참조), 파카마라(p.169 참조)
- **수확시기** 11~3월
- **정제** 워시드, 내추럴
- **특징** 풍부한 보디, 크리미하고 달콤하며, 부드러운 신맛, 밸런스가 좋다.

니카라과

19세기 중반부터 커피 생산을 시작하였다. 수출품 중 가장 큰 비중을 차지함에도 불구하고 오랫동안 지속된 정치 불안, 경제 위기와 자연재해 때문에 니카라과 커피에 대한 평가는 그다지 좋지 않다. 농장 대부분의 재배면적이 평균 3헥타르이다. 얼마 전까지 여러 농장의 수확물이 대규모 세척장에서 뒤섞여 처리되어 생산이력추적이 거의 불가능했지만, 고품질 커피와 생산이력관리의 중요성을 깨달은 생산자들이 나타나면서 상황이 달라지고 있다.

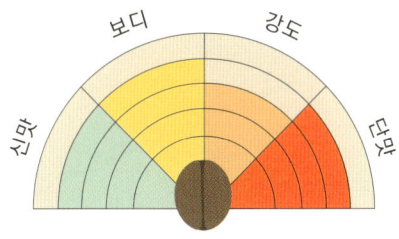

커피 정보

- **연간 생산량** 126,000톤
- **세계시장 점유율** 1.4%
- **생산량 순위** 12위
- **주요 품종** 카투라(p.169 참조), 파카마라(p.169 참조), 부르봉(p.168 참조), 마라고지페(p.173 참조), 카투아이(p.168 참조), 카티모르(p.177 참조)
- **수확시기** 10~3월
- **정제** 워시드, 내추럴, 펄프드 내추럴
- **특징** 초콜릿향의 달콤한 맛부터 적당한 신맛의 꽃향까지 다양하다.

커피 품종

카투아이(Catuai)

- **기원** 브라질에서 생긴 교배종(문도노보×옐로 카투라)으로 1968년에 처음 출하되었다.
- **기타 생산국** 브라질과 중앙아메리카에서 많이 생산된다.
- **나무** 작은떨기나무.
- **저항성** 바람과 악천후에 강해 커피열매가 잘 안 떨어진다. 카투아이는 고도 800m 이상부터 촘촘하게 심을 수 있다.
- **생산성** 양호.
- **권장 추출방법** 에스프레소.
- **특징** 표준 품질.

부르봉(Bourbon)

- **기원** 부르봉은 티피카의 자연변이종으로 레위니옹섬(프랑스대혁명 이전에는 부르봉이라 불렸다)에서 생겨났다. 열매 색깔(붉은색, 노란색, 오렌지색)에 따라 다양한 종류로 나뉜다.
- **기타 생산국** 대부분의 커피 생산국에서 부르봉을 재배한다.
- **나무** 티피카보다 열매가 작다.
- **저항성** 표고 1,000~2,000m에서 가장 좋다.
- **생산성** 티피카보다 생산량이 20~30% 더 높음에도 불구하고, 생산성이 높지 않은 품종으로 생각한다.
- **권장 추출방법** 붉은색의 부르봉 루주는 에스프레소, 노란색 부르봉은 필터커피와 아이스커피.
- **특징** 섬세하고, 보디가 가벼우며, 단맛.

게이샤(Geisha)

- **기원** 1931년 에티오피아 남서쪽의 게샤(Gesha)라는 마을 근처에서 발견되었다. 1932년 종자가 케냐에 전해졌으며, 1950년대에 코스타리카에서 이것을 재배하려는 시도가 있었으나 파나마에 들어온 것은 1963년이 되어서다. 2000년대에 게이샤로 이름이 바뀌었으며, 스페셜티커피 세계에서 주목을 받게 된다.
- **기타 생산국** 콜롬비아, 코스타리카.
- **나무** 키가 크고, 잎을 비롯해 열매와 생두 모두 길쭉하다.
- **저항성** 비교적 좋다.
- **생산성** 낮다. 고도 1,500m 이상의 특정 토양에서만 생산성이 높다.
- **권장 추출방법** 필터커피.
- **특징** 꽃향과 아주 독특하고 세련되며 복합적인 향. 차와 같은 보디, 감귤과 베리의 아로마. 파나마의 커피 경연대회에서 여러 번 1위를 하였다.

파카스(Pacas)

- **기원** 부르봉의 돌연변이종. 1949년 엘살바도르에서 커피를 재배하는 파카스(Pacas)라는 농부에 의해 발견되었다.
- **나무** 부르봉보다 작다.
- **저항성** 부르봉보다 질병에 강하다.
- **생산성** 고지대에서 생산성이 좋은 편이다.
- **권장 추출방법** 에스프레소.
- **특징** 부르봉과 비슷하다.

파카마라(Pacamara)

- **기원** 이 교배종(파카스×마라고지페)은 1958년 엘살바도르에서 만들어졌다. 교배 목적은 두 품종의 특징들을 결합하는 것이었다.
- **기타 생산국** 멕시코, 니카라과, 콜롬비아, 온두라스, 과테말라.
- **나무** 키가 작지만 열매는 크다.
- **저항성** 악천후와 바람에 강하며, 생명력이 강하다.
- **생산성** 파카스보다 높다.
- **권장 추출방법** 필터커피.
- **특징** 고지대의 좋은 조건에서 재배하는 경우 기분 좋은 신맛과 복합적인 향을 갖는다.

비야로보스(Villalobos)

- **기원** 코스타리카 부르봉의 돌연변이종.
- **나무** 열매 크기는 보통.
- **저항성** 바람에 강하다.
- **생산성** 고지대에서 생산성이 높다.
- **권장 추출방법** 에스프레소, 필터커피.
- **특징** 커피원두의 향미가 풍성하다.

카투라(Caturra)

- **기원** 부르봉의 돌연변이종으로 1937년 브라질의 카투라 근처에서 발견되었다.
- **기타 생산국** 코스타리카, 니카라과. 브라질에서도 소량 생산된다.
- **나무** 작은떨기나무이지만 잎은 크다.
- **저항성** 부르봉이나 티피카보다 좋다.
- **생산성** 양호. 부르봉보다 높다.
- **권장 추출방법** 에스프레소, 필터커피.
- **특징** 콜롬비아에서 인기. 일반적으로 부르봉보다는 품질이 떨어진다.

비야사르치(Villa Sarchi)

- **기원** 부르봉의 자연변이종으로 코스타리카의 사르치(Sarchi) 주변에서 발견되었다.
- **나무** 열매 크기는 보통이며, 잎은 구릿빛이다.
- **저항성** 비교적 약하다.
- **생산성** 고지대에서 적합.
- **권장 추출방법** 에스프레소.
- **특징** 신맛과 단맛이 있으며 깔끔하다.

멕시코

커피는 18세기 말 앤틸리스 제도를 통해 들어왔다. 기록에는 1802년 최초로 커피를 수출하였다고 한다. 멕시코 커피는 오랫동안 가격은 저렴하나 매력은 그다지 없는 것으로 여겨졌다. 생산자들은 생산성 개선이 벽에 부딪히고, 기반시설은 제대로 정비되지 않았으며, 정부의 지원은 열악한 상황에 처해 있었다. 그러나 2012년 컵 오브 엑셀런스를 개최하면서 상황이 달라져 멕시코 커피 생산자들에게도 뛰어난 품질의 독특한 커피를 생산할 기회가 생겼다. 중간 규모의 플랜테이션이 많은 멕시코는 오늘날 특히 공정무역 커피와 유기농 커피가 많은 생산국이다.

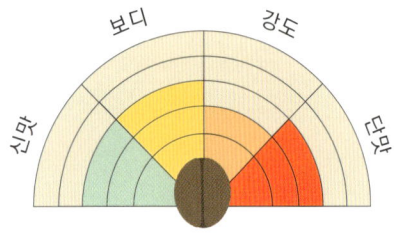

멕시코 커피 풍미
핑카 카산드라(Finca Kassandra)

커피 정보

- **연간 생산량** 186,000톤
- **세계시장 점유율** 2%
- **생산량 순위** 11위
- **주요 품종** 마라고지페(p.173 참조), 파카마라(p.169 참조), 부르봉(p.168 참조), 티피카(p.161 참조), 카투라(p.169 참조), 문도노보(p.161 참조), 카투아이(p.168 참조), 카티모르(p.177 참조)
- **수확시기** 11~3월
- **정제** 워시드
- **특징** 달콤하고 가벼우며, 말산과 시트르산 계열의 신맛도 있으나 무난한 맛이고 밸런스가 좋다.

자 메 이 카

1728년 당시 총독이었던 니콜라스 로스(Nicholas Lawes) 경이 마르티니크(Martinique) 섬에서 자라는 커피나무의 종자를 들여왔다. 처음에는 킹스턴(Kingston) 주변에서 재배하였으나 블루마운틴(Blue Mountain) 지역의 경사지로 퍼져나갔다. 자메이카의 대표 커피이며 오랫동안 세계에서 가장 비싼 커피로 대접 받던 블루마운틴은 특이하게 마대가 아닌 나무상자에 담아 수출하며, 생산물량 대부분을 일본과 미국에서 소비한다. 블루마운틴이란 이름이 널리 알려지면서 고급스런 프리미엄 커피라는 평판을 얻고 영향력도 있으나 다른 스페셜티커피와 비교했을 때 과대평가된 면이 없지 않다.

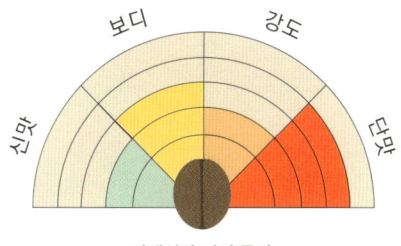

자메이카 커피 풍미
블루 마운틴(Blue Mountain)

커 피 정 보

- **연간 생산량** 1,000톤
- **세계시장 점유율** 0.1%
- **생산량 순위** 44위
- **주요 품종** 블루마운틴(p.171 참조), 부르봉(p.168 참조), 티피카(p.161 참조)
- **수확시기** 9~3월
- **정제** 워시드
- **특징** 달콤하고 풍부한 맛이며, 시럽처럼 점성이 있다.

하와이

1825년 처음으로 브라질에서 커피나무를 들여왔으나, 1980년대까지만 해도 사탕수수 재배에 밀려 커피 생산량이 많지 않았다. 가장 유명한 커피는 하와이에서 가장 큰 섬인 코나에서 재배된 커피로, 코나 섬에서 재배된 커피가 10% 이상 포함되어야 라벨에 '코나'라는 표시를 할 수 있다. 다른 생산국보다 비싼 노동력과 생산비용 때문에 하와이 커피는 비싼 편에 속한다.

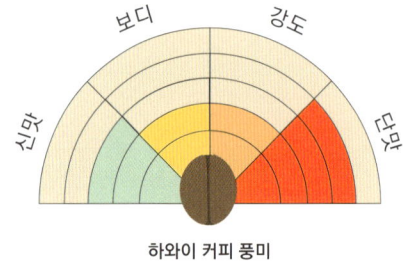

하와이 커피 풍미
코나 엑스트라 팬시(Kona Extra Fancy)

커피 정보

- **연간 생산량** 3,500톤
- **세계시장 점유율** 0.1%
- **생산량 순위** 41위
- **주요 품종** 티피카(p.161 참조), 카투아이(p.168 참조)
- **수확시기** 9~1월
- **정제** 워시드, 내추럴
- **특징** 중간 정도의 보디, 약간의 신맛

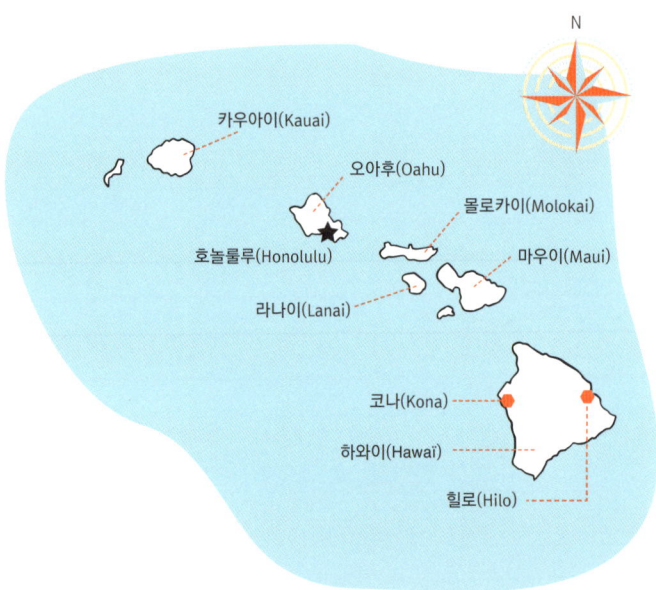

커피 품종

블루마운틴(Blue Mountain)

- **기원** 티피카와 또 다른 품종들로부터 생겨났다. 자메이카의 블루마운틴 산맥에서 재배되어 '블루마운틴'이라는 이름을 갖게 되었다.
- **기타 생산국** 하와이의 코나. 1913년부터는 케냐 서부지역.
- **나무** 티피카와 마찬가지로 비교적 키가 큰 원뿔모양의 나무. 3.5~6m까지 자라며, 잎은 구릿빛이다.
- **저항성** 높은 편. 고지대에 적응 가능하다.
- **생산성** 낮다.
- **권장 추출방법** 에스프레소, 필터커피.
- **특징** 무난한 맛이다.

마라고지페(Maragogype)

- **기원** 티피카의 자연변이종으로, 브라질의 바이아(Bahia) 주에 위치한 마라고지페 지방에서 발견되었다.
- **생산국** 과테말라, 브라질.
- **나무** 키가 아주 크고, 잎과 열매와 생두가 모두 크다.
- **저항성** 특이사항 없음.
- **생산성** 낮다.
- **권장 추출방법** 에스프레소, 필터커피.
- **특징** 단맛과 과일향이 있다.

켄트(Kent)

- **기원** 인도에서 발견된 티피카의 선별종. 1930년대부터 인도에서 널리 재배되고 있으며, 케냐에서 개발한 K7의 기본이 된 품종이기도 하다.
- **생산국** 인도, 탄자니아.
- **나무** 티피카와 유사하나 커피생두가 더 굵다.
- **저항성** 커피녹병에 비교적 강하다.
- **생산성** 양호.
- **권장 추출방법** 에스프레소.
- **특징** 가벼운 신맛이 있는 무난한 맛이다.

인도네시아

1711년부터 네덜란드 동인도회사를 통해 유럽에 커피를 수출하기 시작하였다. 당시에는 아라비카만 재배하였으나, 1876년 커피녹병으로 농작물 대부분이 죽자 생산자들이 곰팡이균이 원인인 이 질병에 강한 로부스타종으로 바꿔서 오늘날 대부분의 인도네시아 커피는 로부스타종이다. 플랜테이션의 90%가 재배면적 1~2헥타르의 아주 소규모이며, 주로 재배하는 품종은 티피카, 하이브리드 드 티모르(Hibrido de Timor, 수마트라에서는 흔히 '팀팀'이라 한다), 카투라, 카티모르 등이다.

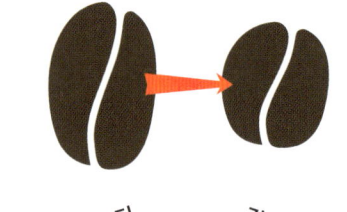

인도네시아 커피 풍미
술라웨시(Sulawesi)

커피 정보

- **연간 생산량** 600,000톤(아라비카종 16.5%, 로부스타종 83.5%)
- **세계시장 점유율** 6.6%
- **생산량 순위** 4위
- **주요 품종** 티피카(p.161 참조), 하이브리드 드 티모르(p.177 참조), 카투라(p.169 참조), 카티모르(p.177 참조)
- **수확시기** 10~5월(술라웨시), 10~3월(수마트라), 6~10월(자바)
- **정제** 세미워시드(길링바사), 내추럴, 워시드
- **특징**
  - 수마트라_ 나무와 향신료향, 풍부한 보디, 아주 조금 신맛
  - 술라웨시_ 약간의 신맛, 풍부한 텍스처, 향신료와 허브향
  - 자바_ 풍부한 보디, 아주 조금 신맛, 흙내

인도네시아

섬마다 고유의 특색을 가진 커피를 생산한다.

수마트라(Sumatra)
인도네시아에서 가장 큰 섬이다. 커피는 북부지역(아체, 린통)과 남부지역(람풍, 망쿠라자)의 고도 800~1,500m에서 재배된다. 커피열매는 길링바사라는 세미워시드 방법(p.144 참조)으로 가공되어 독특한 푸른빛을 띤다.

술라웨시(Sulawesi)
인도네시아의 아라비카종 생산량에서 차지하는 비중이 가장 높다. 재배지역은 서부와 남서부 지역의 해발 1,100~1,500m에 몰려 있다. 가장 유명한 재배지역은 타나 토라자로, 해발고도가 가장 높고 커피재배에 최상의 조건을 갖추고 있다. 그 밖에도 마마사, 에네캉, 고와, 신잘 등에서 커피를 재배한다. 가장 많이 재배하는 아리비카종은 티피카의 교배종인 S795이다. 전통적으로 길링바사 방식을 사용하고 있지만 워시드 방식으로 하기도 한다.

자바(Java)
로부스타종을 주로 생산하며, 해발고도가 낮은 지역의 대규모 플랜테이션에서 정부의 관리를 받으며(네덜란드 식민통치의 잔재) 재배된다. 아라비카종은 1,400~1,800m에서 재배되며, 가장 많이 사용되는 건조법은 워시드 방식이다.

코피 루왁(Kopi Luwac)
인도네시아의 '루왁'이라는 사향고양이의 배설물에서 채취한 커피생두를 말한다. 이 포유동물은 커피열매를 먹으면 과육만 소화시키고 생두는 배설한다.

코피 루왁의 발견은 네덜란드 사람들이 인도네시아의 플랜테이션을 소유하고 있던 18세기로 거슬러 올라간다. 당시 현지 생산자들은 유럽으로 수출할 귀중한 커피를 마시지 못하도록 금지되어 있었다. 그래서 사향고양이가 먹고 배설한 커피생두로 눈길을 돌려 금지령을 교묘히 피해갔다. 코피 루왁은 사향고양이가 소화시키는 동안 발효되어 특유의 더 부드럽고 풍부한 향을 갖는다. 오늘날 코피 루왁은 전 세계적으로 계속 전해지는 커피계의 전설 같은 존재가 되었고, 코피 루왁이 성공을 거두자 일부 몰지각한 생산자는 사향고양이를 우리에 가둬놓고 엄선되지 않은 커피열매를 사료로 주어 코피 루왁의 생산을 늘림으로써 시장의 수요를 맞추려 들기도 한다. 이와 같은 미심쩍은 행동과 지나치게 높은 가격 때문에 종종 논란이 되고 있다.

인 도

1670년 메카로 순례를 떠난 바바 부단(Baba Budan)이 커피를 들여온 것으로 추정된다. 그가 예멘을 지나면서 얻은 7개의 커피나무 씨앗을 지니고 있다가 인도 서쪽 카르나타카(Karnataka) 지역의 찬드라기리 언덕에 성공적으로 심었다고 한다. 영국의 식민통치를 받던 19세기가 되면서 커피 교역은 빠르게 성장한다. 당시는 아라비카종이 주류를 이루었으나 커피녹병이 퍼지면서 로부스타종 또는 아라비카종과 리베리카종의 교배종으로 바꾸었고, 심지어 커피 재배를 포기하고 차를 재배하기도 하였다. 1942년 인도 정부는 커피 수출을 통제하기 시작하였고, 1990년이 되어서야 통제에서 자율로 선회한다. 오늘날 약 250,000명의 생산자가 재배면적 4헥타르 미만의 플랜테이션에서 커피를 재배한다. 아라비카종은 대체로 해발 1,000~1,500m 고지대의 열대나무(후추나무, 소두구나무, 바나나무, 바닐라나무 등) 그늘 아래에서 재배된다.

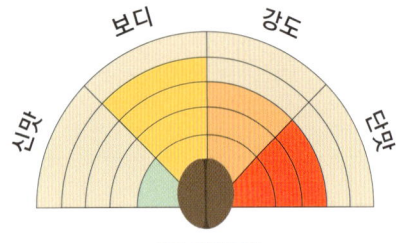

인도 커피 풍미
몬순말라바르(Monsoon Malabar)

커 피 정 보

- **연간 생산량** 319,980톤(아라비카종 27.45%, 로부스타종 72.5%)
- **세계시장 점유율** 3.5%
- **생산량 순위** 7위
- **주요 품종** 사르치모르(p.177 참조), 켄트(p.173 참조), 카티모르(p.177 참조), S795
- **수확시기** 1~3월
- **정제** 몬순 건조, 세미워시드, 워시드, 내추럴
- **특징** p.177의 〈몬순 커피〉 참조

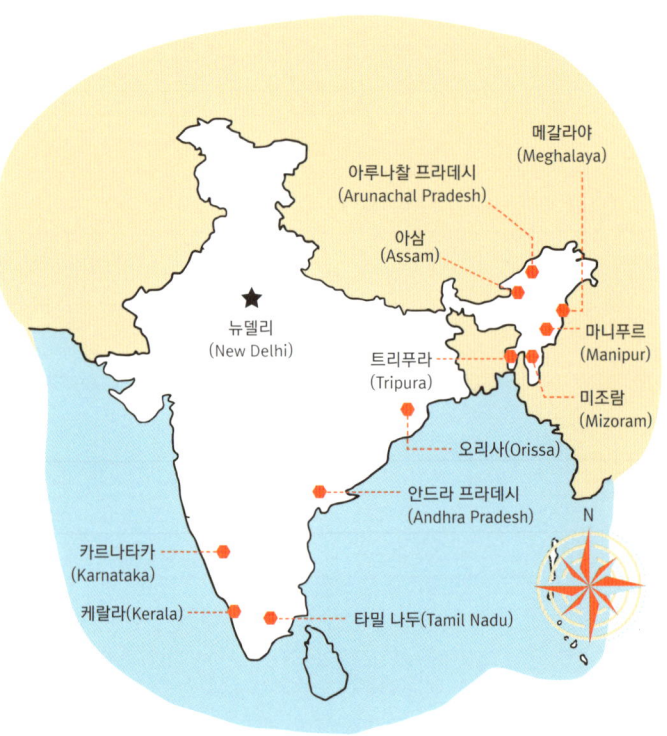

커피 품종

사르치모르(Sarchimor)

- **기원** 교배종(비야 사르치×하이브리드 드 티모르).
- **기타 생산국** 코스타리카, 인도.
- **저항성** 코페아 카네포라에서 온 유전자 덕분에 커피녹병에 매우 강하다.
- **생산성** 높다(평균 1,000kg/ha).
- **권장 추출방법** 에스프레소.
- **특징** 뛰어난 품질은 아니다.

하이브리드 드 티모르(HdT, Hibrido de Timor)

- **기원** 아라비카종과 로부스타종의 자연교배종으로 1920년대 티모르에서 발견되었다. 이 품종은 브라질의 카티모르와 사치모르(비야 사르치×하이브리드 드 티모르), 케냐의 루이루11 등 품종 교배에 많이 사용되었다.
- **기타 생산국** 인도네시아
- **나무** 모든 아라비카종과 마찬가지로 44개의 염색체 보유.
- **저항성** 양호.
- **생산성** 웬만하다(평균 1,000kg/ha).
- **권장 추출방법** 에스프레소.
- **특징** 로부스타에서 온 유전자 때문에 맛이 높게 평가되지는 않는다.

카티모르(Catimor)

- **기원** 교배종(하이브리드 드 티모르×카투라)으로 포르투갈에서 만들었다.
- **기타 생산국** 중앙아메리카, 남아메리카
- **나무** 열매 크기가 보통.
- **저항성** 양호. 저지대에서 잘 적응한다.
- **생산성** 높다.
- **권장 추출방법** 에스프레소.
- **특징** 아라비카종과 로부스타종의 교배종인 티모르 드 하이브리드에서 유래한 품종이라 맛에 대해 논란이 있다.

몬순 커피

몬순 말라바르는 인도에서 가장 유명한 커피로, 그 독특한 건조방법 덕분에 아주 특별한 향을 갖는다. 식민지시대 인도에서 유럽까지 몇 개월씩 생두를 싣고 가는 동안 생두가 습기와 해풍에 노출되어 부풀어 오르면서 빠르게 숙성되었고, 그 어떤 향과도 닮지 않은 독특한 향을 갖게 되었다. 오늘날은 이 독특한 맛을 재현하기 위해 몬순의 습한 바람이 생두에 스며들도록 생두를 개방된 창고에 두어 습한 몬순에 노출시킨다. 습기를 머금어 부풀어 오른 커피콩은 신맛이 사라지고 빛이 바랜다. 커피에서는 흙내가 나며, 신맛은 없으나 묵직한 보디가 느껴진다.

CHAPTER 5

부록
ANNEXES

추천할만한 커피숍 & 커피 관련 이벤트

프랑스 로스터리숍

Caffè Cataldi / Hexagone Café
15, rue Gonéry
22540 Louargat
caffe-cataldi.fr
hexagone-cafe.fr

La caféothèque
52, rue de l'Hôtel de Ville
75004 Paris
lacafeotheque.com

Coutume Café
8, rue Martel
75010 Paris
coutumecafe.com

Café Lomi
3ter, rue Marcadet
75018 Paris
cafelomi.com

La brûlerie de Belleville
10, rue Pradier
75019 Paris
cafesbelleville.com

La brûlerie de Melun
4 rue de Boisettes
77000 Melun
cafe-anbassa.com

La fabrique à café
7, place d'Aine
87000 Limoges
lafabriqueducafe.fr

Café Mokxa
9, boulevard Edmond Michelet
69008 Lyon
cafemokxa.com

Café Bun
5, rue des Étuves
34000 Montpellier

L'alchimiste
87, quai des Queyries
33100 Bordeaux
alchimiste-cafes.com

Terres de café
terresdecafe.com

Cafés Lugat
maxicoffee.com

세계의 커피 이벤트

월드커피이벤트
(WCE, World Coffee Events)
유럽스페셜티커피협회(SCAE, Specialty Coffee Association of Europe)와 미국스페셜티커피협회(SCAA, Specialty Coffee Association of America)가 커피의 우수성을 홍보하고 기술 향상을 꾀하기 위해 만든 조직. 다음과 같이 7개의 세계대회가 있다.
_ 월드바리스타챔피언십(WBC, World Barista Championship)
_ 월드라테아트챔피언십(WLAC, World Latte Art Championship)
_ 월드컵테이스터스챔피언십(WCTC, World Cup Tasters Championship)
_ 월드커피로스팅챔피언십(WCRC, World Coffee Roasting Championship)
_ 월드브루어스컵챔피언십(WBrC, World Brewers Cup Championship)
_ 월드굿스피릿챔피언십(WCIGS, World Coffee in Good Spirits Championship)
_ 이브릭/체즈베챔피언십(CIC, Cezve/IBRIK Championship)

밀라노 호스트 박람회(HOST Milan)
2년마다 개최되는 호텔, 레스토랑, 카페 박람회.

글로벌 스페셜티 커피 엑스포
(Global Specialty Coffee Expo)
미국스페셜티커피협회와 유럽스페셜티커피협회가 합병하면서 그 동안 개최해오던 커피박람회 'The SCAA Expo'의 이름을 바꾸었다.

멜버른 국제커피엑스포(MICE, Melbourne International Coffee Expo)
오스트레일리아 멜버른에서 매년 열리는 커피박람회.

월드 에어로프레스챔피언십
(World Aeropress Championship)
전 세계 약 40개국에서 개최되는 에어로프레스 세계대회.

London Coffee Festival

New York Coffee Festival

Amsterdam Coffee Festival

CoLab
baristaguildofeurope.com/what-is-colab

전 세계 유명 커피숍

프랑스

파리

Hexagone Café
121, rue du Château
75014 Paris

Coutume
47, rue de Babylone
75007 Paris

Dose
73, rue Mouffetard
75005 Paris
82, Place du Dr Félix Lobligeois
75017 Paris

Fragments
76, rue des Tournelles 75003 Paris

Honor
54, rue du Faubourg-Saint-Honoré
75008 Paris

Loustic
40, rue Chapon
75003 Paris

Matamata
58, rue d'Argout
75002 Paris

Télescope
5, rue Villedo
75001 Paris

엑상프로방스

Cafeism
20, rue Jacques de la Roque
13100 Aix-en-Provence

Mana Espresso
12, rue des Bernardines
13100 Aix-en-Provence

앙부아즈

Eight o'clock
103, rue Nationale
37400 Amboise

보르도

Black List
27 place Pey Berland
33000 Bordeaux

La Pelle Café
29 rue Notre Dame
33000 Bordeaux

리옹

La boîte à café
3, rue Abbé Rozier
69001 Lyon

Puzzle Café
4, rue de la Poulaillerie
69002 Lyon

포

Détours
14 rue Latapie
64000 Pau

스트라스부르

Café Bretelles
2, Rue Fritz
67000 Strasbourg

투르

Le petit atelier
61 rue Colbert
37000 Tours

영국

런던

Association Coffee
10-12 Creechurch Ln
London EC3A 5AY, UK

Prufrock Coffee
23-25 Leather Ln
London EC1N 7TE, UK

Workshop Coffee
27 Clerkenwell Rd, London EC1M 5RN, UK

아일랜드

더블린

3fe
32 Grand Canal Street Lower, Dublin 2, Irlande

Meet Me in the Morning
50 Pleasants Street Portobello, Dublin 8, Ireland

덴마크

코펜하겐

The Coffee Collective
Odthåbsvej 34B
2000 Frederiksberg, Denmark

노르웨이

오슬로

Tim Wendelboe
Grünersgate 1
0552 Oslo, Norvège

Supreme Roastwork
Thorvald Meyers gate 18A
0474 Oslo, Norway

스웨덴

스톡홀름

Drop Coffee
Wollmar Yxkullsgatan 10
118 50 Stockholm, Sweden

이탈리아

플로렌스

Ditta Artigianale
Via dei Neri, 32/R
50122 Florence, Italy

미국

뉴욕

Everyman Espresso
301W Broadway
New York, NY 10013, USA

레이크우드 / 덴버

Sweet Bloom Coffee Roasters
1619 Reed St.
Lakewood CO 80214, USA

로스앤젤레스

G&B Coffee
C-19, 317 S Broadway
Los Angeles CA 90013, USA

시애틀

Espresso Vivace
227 Yale Ave N
Seattle WA 98109, USA

캐나다

몬트리올

Cafe Myriade
1432 rue Mackay, Montréal QC H3G 2H7, Canada

일본

도쿄

Fuglen Tokyo
1-16-11 Tomigaya
Shibuya 151-0063, Japan

오스트레일리아

멜버른

St Ali Coffee Roasters
12-18 Yarra Pl
South Melbourne VIC 3205, Australia

브라질

상파울루

Isso é Café
R. Carlos Comenale, s/n - Bela Vista, São Paulo - SP, Brazil

커피숍 디저트

커피숍에서 바리스타는 커피에 어울리는 영국식 디저트를 권한다.
다음에 두 저자가 운영하는 에그자곤 카페(Hexagone Café)의 파티시에인
요한 김의 유명한 디저트를 소개한다.

당근케이크

8~10조각

무른 버터…75g
설탕…200g
달걀…3개
고운 소금…5g
박력분…300g
베이킹파우더…25g
계핏가루…5g
그릭요구르트…150㎖
강판에 곱게 간 당근…300g
다진 호두(또는 헤이즐넛, 아몬드 등)…100g

1 오븐을 180℃로 예열한다.
2 버터와 설탕을 포마드 상태가 될 때까지 고루 섞는다.
3 달걀과 소금을 섞는다. 밀가루, 베이킹파우더, 계핏가루를 체에 내려 다른 볼에 담는다.
4 포마드 상태로 섞은 버터에 달걀, 밀가루 섞은 것, 그릭요구르트, 당근, 다진 호두를 차례로 넣고 섞어 반죽한다.
5 버터를 바른 틀에 반죽을 넣고, 오븐에 35분 굽는다.
6 케이크를 식혀 틀에서 꺼내고, 작게 조각으로 자른다.

▷ 카푸치노와 함께 먹는다.

피낭시에

20개

아몬드가루…150g
설탕…100g
박력분…20g
달걀흰자…200g
버터…150g

1 오븐을 180℃로 예열한다.
2 아몬드가루와 설탕, 밀가루를 체에 내린다.
3 체에 내린 가루들을 달걀흰자와 섞는다.
4 여기에 버터를 전자레인지에 녹여 넣고 고루 섞어 반죽한다.
5 반죽을 피낭시에 틀에 고루 나누어 담고, 오븐에 9~10분 굽는다.
6 식혀서 틀에서 꺼낸다.

⇨ 에스프레소와 함께 먹는다.

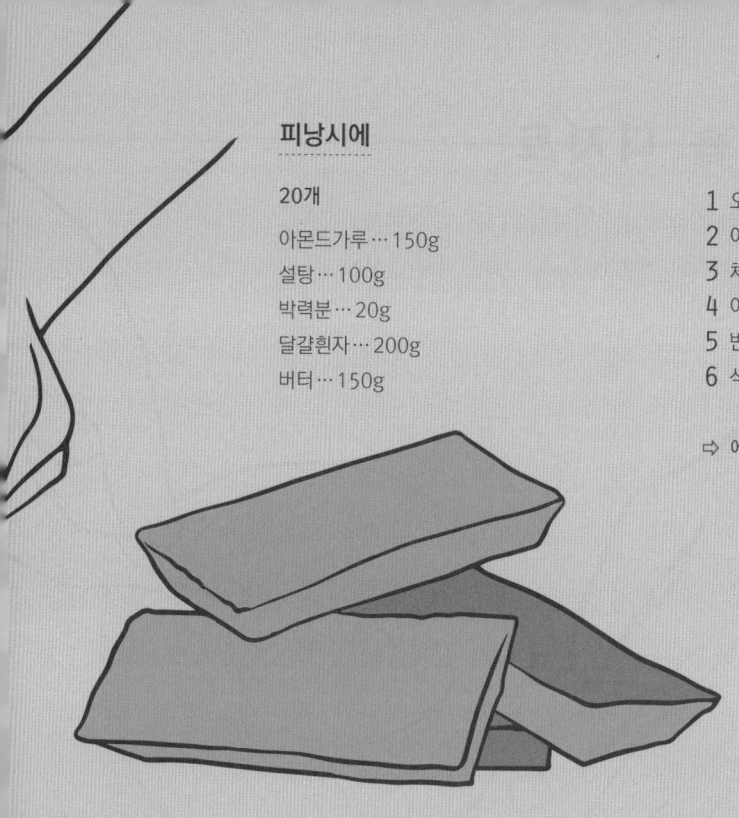

초콜릿비스킷

20개

설탕…120g
달걀…5개
박력분…50g
카카오가루…25g
무른 버터…50g
다크초콜릿…100g

1 오븐을 165℃로 예열한다.
2 믹싱볼에 설탕과 달걀을 넣고 흰색으로 변할 때까지 섞는다.
3 여기에 밀가루와 카카오가루를 함께 체에 내려서 넣고 섞는다.
4 버터를 고무주걱을 이용해 포마드 상태로 만들고, 초콜릿은 다진다. 버터와 초콜릿을 달걀, 밀가루, 카카오가루 섞은 것에 차례로 넣는다.
5 철판에 유산지를 깔고 반죽을 작고 둥근 모양으로 간격을 띄어서 올린 다음, 오븐에 15~20분 굽는다.
6 비스킷이 식으면 유산지에서 조심스럽게 뗀다.

⇨ 에스프레소나 필터커피와 함께 먹는다.

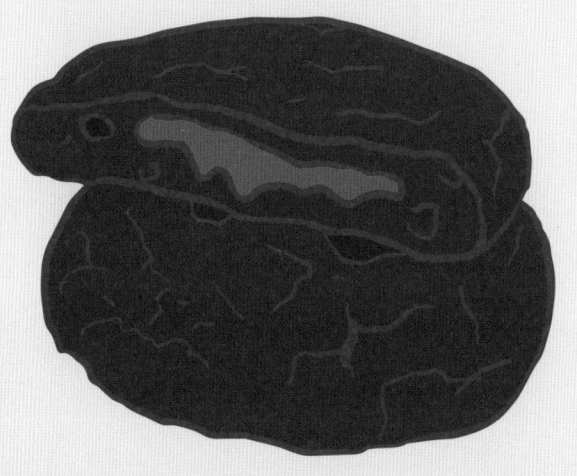

INDEX

E61 49, 54
K7 151
PID 55
SL28 139, 151, 155
SL34 139, 151, 155

ㄱ

각설탕 8
감미롭다 46
강도 46, 58, 82, 83
개화 135
거름망 107
건식법 142, 145
게이샤(Geisha) 138, 163, 168
결점두 147
고도 137
고무패킹 88
공정무역(Fairtrade) 17, 160, 170
과다추출 58, 62, 63
과소추출 58, 62, 63
과육 132
과테말라 141, 164, 169, 173
교배 139
교배종 16
국제커피협회(ICO, International Coffee Organisation) 148-149
그라인더 28-31, 124
　관리 31
　도저 달린 에스프레소 그라인더 28
　도저 없는 에스프레소 그라인더 29
　분쇄도(분쇄 굵기) 29
　블레이드 그라인더 29
　수동 그라인더 28
　업소용 그라인더 29
　투자 26
　호퍼가 달린 가정용 그라인더 28
그라인더 날(버) 21, 30

그라인더 몸체 31
그라인더와 도저 57
그랑크뤼(Grand cru) 20
그레인 프로 147
그룹헤드 50
　관리 52
금속필터 85
기압 53
길링바샤(Giling Basah) 144
깔끔함(Clean cup) 21, 46
꺾꽂이 136
껍질(생두) 132
꽃가루받이 136

ㄴ

나무냄새 46
나뭇잎 72
남아메리카 119, 177
내추럴 커피(Natural Coffee) 142, 145, 146
냉각기 112
냉동고 122
냉장고 122
네덜란드 17
노르웨이 13
　필터커피 13
농도 58
뉴질랜드 59, 73
니카라과 141, 167, 169

ㄷ

단맛 44, 45, 82, 83, 116
당근케이크(레시피) 182
대류 112
더블에스프레소 10
더치커피 27
데시데리오 파보니(Desiderio Pavoni) 41

데이비드 쇼머(David Schomer) 55
도저(관리) 31
도저리스 29
도징 56
돌연변이 16, 139
뒷맛(여운) 46
듀얼 보일러 54, 55
드럼 로스팅기 113
드리퍼 90, 94, 96, 98
드립포트 78, 79
디카페인 커피 128-129
떫다 46

ㄹ

라마르조코(La Marzocco®) 54, 55
라벨 120
라우리나(Laurina=부르봉 푸앵튀) 139, 155
라테 10, 12
라테 마키아토(LATTE MACCHIATO) 74
라테아트 20, 51, 68-75
　나뭇잎 72
　튤립 71
　하트 70
램프(알코올/가스) 92
레위니옹 141, 154, 168
로드 92
로부스타종 16, 17, 138, 139
로스터 19, 20, 112, 116, 121
로스터리숍 113, 121
로스팅 20, 112-117
　기업형 로스팅 113
　로스팅 스타일 116-117
　로스팅 장인 112
　로스팅 프로필 116
　약 로스팅 115
　원두의 온도 115

홈 로스팅 113
로스팅 프로필 116
로스팅기 20, 112
롱 블랙(Long Black) 59
루드비히 로젤리우스(Ludwig Roselius) 128
루이-베르나르 라보(Louis-Bernard Rabaut) 40, 100
루이루(Ruiru)11 83, 139, 151
루이지 베체라(Luigi Bezzera) 41
룽고 59, 61, 64
르 프로코프(Le Procope) 13
르완다 141, 143, 152
리베리카종 16
리스트레토(RISTRETTO) 59, 61, 64

ㅁ

마다가스카르 155
마대 147
마라고지페(Maragogype) 138, 161, 164, 167, 170, 173
마이야르(Maillard) 반응 114
마케팅 함정 120
마키아토(MACCHIATO) 11, 74
막스 하벨라르(Max Havelaar) 17
말라바르 119, 177
말산 45
맛 45, 126-127
    단맛 44
    신맛 44, 45, 114
    쓴맛 44, 45
    짠맛 45
머그잔 36, 78
머신 몸체 52
멕시코 141, 169, 170
모카포트 21, 27, 100-101
몬순커피 177

묘포 136
묵직하다 46
문도노보(Mundo Novo) 138, 156, 161, 170
물 32, 33, 34-35, 78
    경도 32, 33
    맛 32
    몽칼므(Montcalm®) 34, 78
    미네랄워터 34
    볼빅(Volvic®) 34, 78
    샘물 34
    생수 34
    석회질(Calcaire) 32, 33, 35
    수소이온농도(pH) 32, 33, 34
    염소 32, 35
    정수 35
    테스터 33
    황산칼슘 33, 35
물의 경도 32, 33
    영구경도 33
    일시경도(KH) 33, 34, 35
    총경도(GH) 33
물잔 42
미국 12, 171
    미국스페셜티커피협회(SCAA, Specialty Coffee Association of America) 127
    필터커피 12
미네랄워터 34

ㅂ

바리스타 19, 20, 26, 51, 117, 121
    작업 56-57
    팁 63
발자크(Balzac) 118
배치 20, 113, 129
밸런스 45, 58, 62, 83, 125

밸런스가 좋다 46
밸브 120, 123
번식 136
베이비치노(BABYCCINO) 73
변수 60
보관 122-123
보나비타(Bonavita®) 79
보디 114, 115
보일러 32, 54
복사 112
볼리비아 141, 159
부드럽다 46
부룬디 141, 153
부르봉(Bourbon) 113, 138, 154, 156, 158, 160, 163, 164, 166, 167, 168, 170, 171
부르봉 루주(Bourbon rouge) 139, 152, 153
부르봉 푸앵튀(Bourbon pointu) 154, 155
분쇄도 20, 26, 27, 29, 60, 61, 62
분쇄실 31
분쇄원두 21
붙박이장 122
브라스리(Brasserie) 15
브라질 137, 141, 142, 144, 156, 161, 168, 169, 173
블라인드 바스켓 52
블렌딩 118, 119
블루마운틴(BLUE MOUNTAIN) 138, 161, 171, 173
비야로보스(Villa Lobos) 138, 169
비야사르치(Villa Sarchi) 139, 162, 169
빈티지 커피 140
빨대 11, 106

ㅅ

사르치모르(Sarchimor) 139, 176, 177
사이펀(SIPHON) 13, 20, 27, 79, 92-93
산패 46
생산자 18
샷(shot) 21
서모블록 55
서버 90, 94, 96, 98, 102
서부 아프리카 16
석회 32, 33, 35
섞기 105
선별 147
세미워시드 커피 144, 145
세척 146
수단루메(Sudan Rume) 138
수렴성 44, 126
수마트라 138, 175
수분 16
수소이온농도(pH) 32, 33, 35
    에스프레소머신 35
수확 140, 141, 142
술라웨시 175
스리랑카 137
스웨덴 13
    필터커피 13
스위스워터프로세스(SWP) 129
스트레커(Strecker)반응 114
스틱 78, 92, 94
스팀노즐 68
    관리 52
스팀피처 68
스페셜티커피 17, 121, 140
슬로 로스팅 120
슬로 추출 21
습식법 143, 144, 145
신맛 45
    말산 45
    시트르산 45
    아세트산 45
    인산 45
    퀸산 45
신선도 140
실버스킨 132
싱글 보일러 54, 55
싱글오리진 118
씨뿌리기 136

ㅇ

아라부스타(Arabusta) 138, 139
아라비카(Arabica) 16, 17, 115
아로마 47, 82, 83
아메리카노 11, 59
아시아 16, 119
아이리시커피 75
아이스커피 11, 106-109
아킬레 가자(Achille Gaggia) 41, 60, 61
아포가토(Affogato) 75
아프리카 커피 119
아프리칸 베드 142, 143, 144
안젤로 모리온도(Angelo Moriondo) 40
알폰소 비알레티(Alfonso Bialetti) 100
압력 39, 53, 60
앨런 애들러(Alan Adler) 88
얼음 109
에두아르 루아젤 드 상테(Édouard Loysel de Santais) 40
에스프레소 10, 19, 34, 59, 60, 64, 117, 118, 183
    나쁜 에스프레소 46
    농도 58
    맛없는 이유 66-67
    밸런스 잡힌 에스프레소 45
    분쇄 굵기 27
    수치로 살펴본 에스프레소 60-63
    시음 42-47
    엑스프레소 41
    역사 40-41
    정의 39
    종류 59
    좋은 에스프레소 46
에스프레소 분포도 64-65
에스프레소 시음 42-47
    단맛 45
    마무리 46
    맛 42, 44, 45
    물잔 42
    보디 44
    수렴성 44, 45
    시작 46
    아로마 43
    에스프레소잔 42
    온도 42
    중간 46
    크레마 43
    텍스처 42
    향미 46
    후각 43
에스프레소머신 21, 27, 48-53
    가정용 머신 48, 50, 55
    관리 52
    온도 54-55
    작동원리 53
    전자동 머신 49
    전통적 머신 49
    캡슐머신 49, 51
    프로슈머 50, 51, 55
    피스톤 머신 49, 60
에스프레소잔 36, 37, 78
에스프로프레스(ESPRO PRESS®) 87
에어로프레스(AEROPRESS®) 20, 27, 79, 88-89

에얼룸(Heirloom) 138, 150, 155
에콰도르 141, 158
에티오피아 13, 132, 138, 141, 142, 143, 150, 155
    커피 의식 13
엘살바도르 141, 143, 166, 169
여과식 77, 104
여운 46
역류세척(백브러싱) 52
열교환식 보일러 54, 55
열분해 114
열수 흘리기 57
염소 32, 35
예열시간 56
오스트레일리아 59, 73
온도 53, 54-55, 63, 104
    디지털 온도조절장치 55
온두라스 141, 165, 169
올드크롭(Old crop) 46, 140
요한 김(Yohan Kim) 182-183
용존고형물총량(TDS, Total Dissolved Solids) 58, 65
우유 68-69
우유거품 68, 69
워시드 커피 143, 145, 146
월드커피리서치(WCR, World Coffee Research) 126, 127
유기농 17, 137, 156, 159, 160, 170
유동층 로스팅기 113
유량제한기 79
유리컵 36, 78
이데알레(Ideale) 41
이력 120
이브릭(IBRIK) 13, 21, 27
이산화탄소(CO_2) 129
이상적인 커피추출기구 79
이카투(Icatu) 139, 156, 161

이탈리아 12, 16, 59
    모카포트 12
    에스프레소 12
    카페라테 74
    카푸치노 73
    피스톤 머신 49
인도 141, 173, 176, 177
인도네시아 141, 144, 174-175, 177
인산 45
인스턴트커피 16
일본 13, 171

ㅈ

자가수분(제꽃가루받이) 136
자메이카 141, 171, 173
자바 175
저울 78
전도 112
전자동 머신 49
점액질 132, 143, 144
정수 카트리지 35
정제 114, 120, 142-145
제철 140-141
제철 커피 140
주전자 21
중력 102
중앙아메리카 119, 168, 177
증발잔류물 32, 34
지속 가능한 농업 118
진공식 커피추출기구 92
진공포장 147
질소 123

ㅊ

체임버(분쇄실) 31
초콜릿 9, 73
초콜릿비스킷(레시피) 183

최적사용기한 120, 122
추출 53, 57, 58, 60, 62
추출량 60, 61
추출률 64, 65
추출방법 87, 89, 91, 93, 95, 97, 99, 101, 103
추출시간 62, 105
추출압력 60, 65
침지식 77, 90, 104

ㅋ

카를로 에르네스토 발렌테(Carlo Ernesto Valente) 49
카스티요(Castillo) 157
카투라(Caturra) 113, 139, 156, 157, 158, 159, 160, 162, 163, 164, 165, 167, 169, 170, 174
카투아이(Catuai) 113, 138, 156, 162, 163, 164, 165, 167, 168, 170, 172
카티모르(Catimor) 139, 167, 170, 174, 176, 177
카페라테 74
카페모카 10
카페오레 75
카페올(Caffeol) 26, 39, 67, 121
카페인 22, 45, 115, 128
카푸치노 11, 20, 51, 69, 73
카푸치노 프라페 75
칼리타(KALITA®) 79, 98-99
캘린더 141
캡슐머신 49
커머디티 커피시장 147
커피 무역 17
커피 생산국 148-149
커피 생산자 18
커피 재배 132-133
커피추출기구 20-21

INDEX 187

커피 테이스터스 플레이버 휠(COFFEE TASTER'S FLAVOR WHEEL) 126-127
커피거래소 17
커피나무 16, 18, 132, 133, 134-135
커피나무 천적 137
커피녹병(*Hemileia vastatrix*) 137
커피메이커 27, 102-103
커피베리보러(*Hypothenemus hampei*) 137
커피벨트 133
커피색 81
커피생두 19, 112, 113, 114, 116, 117, 140, 142, 146-147
커피생두 바이어 18
커피생두시장 17
커피숍 14, 121, 181
　디저트 182-183
커피스푼 42
커피열매 18, 20, 132, 134, 135, 142, 143
커피열매 천공벌레 137
커피오일 26, 121
커피원두 갈기(그라인딩) 26-27
커피의 역사 132
커피잔 36, 42, 78
커피찌꺼기 버리기 57
커피필터 78, 84-85
　금속필터 85
　종이필터 84
　천필터 84
커핑(cupping) 36, 119, 124-125
커핑노트 47, 83, 124, 125
커핑볼 36
커핑스푼 124, 125
컵 오브 엑셀런스(Cup of Excellence) 121, 152, 153, 156, 170
케냐 141, 143, 151, 155, 168, 173

케멕스(CHEMEX®) 20, 27, 79, 96-97
　종이필터 96, 97
켄트(Kent) 173, 176
코나(Kona) 138
코니컬버 30
코르타도(Cortado) 74
코스타리카 141, 142, 162, 168, 169, 177
코페아속(*Coffea*) 16
　리베리카종(*Coffea liberica*) 16, 139
　아라비카종(*Coffea arabica*) 16, 133, 136, 137, 139, 142
　엑셀사종(*Coffea excelsa*) 16
　카네포라종(*Coffea canephora*) 16, 139
코피 루왁(Kopi luwak) 175
콜드브루(COLD BREW) 27, 36, 107, 108
콜롬비아 141, 143, 157, 168, 169
크랙(crack) 21, 114
크레마 39, 43, 48
클리너 52
클레버(CLEVER®) 드리퍼 27, 79, 90-91

ㅌ

타가수분(딴꽃가루받이) 136
타이머 78, 124
탄자니아 173
탬퍼(tamper) 21, 56, 57
탬핑 56
터키 13
　관습 13
　이브릭 13
　체즈베 13
　터키커피 13
텀블러 36
테루아 51
테인(thein) 22
토리노박람회(1884년) 40

토착종(Heirloom) 138, 155
트리고넬린(Trigonelline) 45
티포 기간테(Tipo Gigante) 41
티피카(Typica) 138, 158, 159, 160, 161, 163, 164, 165, 170, 171, 172, 174
팀팀(Tim Tim) 174

ㅍ

파나마 141, 142, 143, 163, 168
파리만국박람회(1855년) 40
파치먼트(Parchment) 132, 134, 143, 144, 146
파카마라(Pacamara) 138, 166, 167, 169, 170
파카스(Pacas) 113, 139, 165, 166, 169
패스트크롭(Past crop) 120, 121, 140
펄프드 내추럴(Pulped natural) 144, 145, 146
페루 141, 160
페테 슐룸봄(Peter Sclumbohm) 96
평균온도 63
포르투갈 16, 177
포장 147
포터필터 48, 56, 57
　관리 52
포테이토 디펙트(Potato Defect) 152, 153
풀냄새 47
품종 16, 138-139, 155, 161, 168-169, 173, 177
프렌치프레스 21, 27, 79, 86-87
프로슈머(prosumer) 50, 51, 55
프리들리프 페르디난트 룽게(Friedlieb Ferdinand Runge) 128
플라스크 92
플래시 로스팅 113
플랫버 30
플랫화이트(FLAT WHITE) 73

플런저 86, 88
피낭시에(Financier, 레시피) 183
피베리(peaberry) 151
피스톤 머신 49, 60
피처 68
필터 48
필터바스켓 21
    관리
필터커피 23, 34, 76-83, 117, 183
    노르웨이 13
    맛 81
    미국 12
    보디 82
    복합적인 커피 82
    색 81
    설탕 80
    수치로 살펴본 필터커피 104-105
    스웨덴 13
    시음 80-83
    신맛 81
    아로마 82
    온도 80
    추출도구 86-103
    후각 81
필터커피 시음 80-83

ㅎ

하리오(HARIO®) 79
하리오 V60 13, 20, 27, 79, 94-95, 109
하와이 141, 172, 173
하이브리드 드 티모르(Hibrido de Timor)
    138, 139, 174, 177
핫브루 107
향미 46
향미 프로필 140, 142
허니 프로세스(Honey process) 144, 145
호퍼(hopper) 31
혼합법 144, 145
화학용매 128
활성탄 필터 35
황산칼슘 33, 35
흡열반응 114
힘 58

글쓴이
충 렝 트란(Chung-Leng Tran)
사진공부를 하다 바리스타로 전환하였다. 2012년 '프랑스 브루어스 컵(France Brewers Cup)' 우승자이다.
자신만의 커피타임_ 아침의 에티오피아 또는 케냐 필터커피, 점심식사 후의 에스프레소.

세바스티앵 라시뇌(Sébastien Racineux)
공학 교수이자 바리스타 교육자이다. 2011년 에스프레솔로지(Espressologie) 교육기관을 설립하였다. 2012년 '르 투르누아 쿠튐(le Tournoi Coutume)'에서 우승하였으며, 2012년과 2014년 '프랑스 브루어스 컵'에서 준우승하였다.
자신만의 커피타임_ 오전의 에티오피아 내추럴 커피.

2015년 두 사람이 스테판 카탈디(Stéphane Cataldi), 다비드 라호즈(David Lahoz)와 함께 파리에 로스터리숍 '레그자곤 카페(l'Hexagone Café)'를 열었다.

그림 **야니스 바루치코스(Yannis Varoutsikos)**
아트 디렉터이자 일러스트레이터이다. Marabout에서 나온 『와인은 어렵지 않아(Le Vin c'est pas sorcier)』(2013, 2015 한국어판 그린쿡 출간), 『Le grand manuel du patissier』(2014), 『Le Rugby c'est pas sorcier』(2015), 『Le grand manuel du cuisinier』(2014) 등의 그림을 그렸다.
자신만의 커피타임_ 할머니와 함께 부룬디 커피. 또는 아침의 케멕스 필터커피.

옮긴이 **정한진**
서울대학교 미학과 박사과정 중 프랑스로 건너가 파리 르코르동 블루에서 요리, 제과, 와인 과정을 마치고 셰프로 활동하였으며, 현재는 창원문성대학교 호텔조리제빵과 교수이다. 『프랑스 파티세리 클래스』(그린쿡)를 번역하였고, 『향신료 이야기』, 『초콜릿 이야기』, 『왜 그 음식은 먹지 않을까』, 『프랑스 요리의 세계』, 『세상을 바꾼 맛』 등의 책을 썼다.

커피는 어렵지 않아

펴낸이	유재영	기획	이화진
펴낸곳	그린쿡	편집	김기숙
글쓴이	세바스티앵 라시뇌	디자인	임수미
	충 렝 트란		
옮긴이	정한진		

1판 1쇄　2017년 11월 20일
1판 14쇄　2024년 9월 30일

출판등록　1987년 11월 27일 제10-149
주소　04083 서울 마포구 토정로 53(합정동)
전화　02-324-6130, 324-6131
팩스　02-324-6135

E-메일　dhsbook@hanmail.net
홈페이지　www.donghaksa.co.kr / www.green-home.co.kr
페이스북　www.facebook.com/greenhomecook
인스타그램　www.instagram.com/__greencook

ISBN　978-89-7190-607-1 13590

• 이 책은 실로 꿰맨 사철제본으로 튼튼합니다.
• 잘못된 책은 구매처에서 교환하시고, 출판사 교환이 필요할 경우에는
　사유를 적어 도서와 함께 위의 주소로 보내주세요.

LE CAFÉ, C'EST PAS SORCIER

Copyright © Marabout (Hachette Livre), Paris, 2016
KOREAN language edition © 2017 by Donghaksa Publishing Co., Ltd.
KOREAN translation rights arranged with Marabout (Hachette Livre) through Botong Agency, Seoul, Korea.
이 책의 한국어판 저작권은 보통 에이전시를 통한 저작권자와의 독점 계약으로 주식회사 동학사(그린쿡)가 소유합니다.
신 저작권법에 의하여 한국 내에서 보호를 받는 저작물이므로 무단전재와 무단복제를 금합니다.

GREENCOOK은 최신 트렌드의 디저트, 브레드, 요리는 물론 세계 각국의 정통 요리를 소개합니다.
국내 저자의 특색 있는 레시피, 세계 유명 셰프의 쿡북, 한국·일본·영국·미국·이탈리아·프랑스 등 각국의 전문요리서 등을 출간합니다.
요리를 좋아하고, 요리를 공부하는 사람들이 늘 곁에 두고 보고 싶어하는 요리책을 만들려고 노력합니다.